재단법인 2·18안전문화재단 2·18 Foundation For Safety Culture 연구총서 1

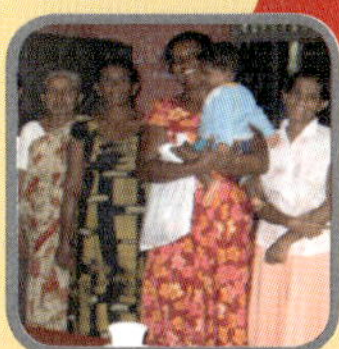

재난개입과 인도주의적 지원 지침서

Disaster Interventions and Humanitarian Aid Guidelines, Toolkits and Manual

레나 도미넬리 저 | 양만재 · 장승옥 · 김영화 역

양 성 원

재단법인 2·18안전문화재단은 2003년 2월18일 대구지하철 중앙로역 화재 참사 때 국민들이 보내준 성금을 바탕으로, 화재참사의 희생이 헛되지 않도록 '안전한 세상을 우리 손으로' 이루자는 희생자 유가족, 지역사회, 국민들의 뜻에 따라 만들었습니다. 재단은 안전과 관련한 여러 가지 힘을 한 곳으로 모으고 서로 연결하는 '안전문화 플랫폼' 역할을 하겠습니다.

재난 개입과 인도주의적 지원 지침서 한국어판 저자 서문

나는 재난 상황에서 사회복지사들이, 심각한 일상생활에서의 혼란을 경험하고 재앙을 마주하고 있는 사람들을 지원하고 윤리적으로 행동함으로써 개입하는 데 도움을 주기 위해 『재난 개입과 인도주의적 지원을 위한 지침서』를 집필하였다. 고통, 상처, 사람들의 죽음, 생계 수단, 재산과 물리적 삶의 터전은 중요하게 고려해야 할 사항들이다. 재난이 덮치게 되는 상황은 정상적인 회복탄력성의 경로가 도전받게 되고, 한계치까지 능력을 발휘해야 하며, 일반적으로 국내 다른 지역이나 때로 해외 국가로부터 외부적 지원을 필요로 하게 됨을 의미한다. 이러한 상황에서 사회복지사는 훈련되어 있고 적절하게 행동할 수 있도록 준비되어 있어야 한다. 사회복지사가 고려해야 하는 복잡한 문제들이 많은데, 이 지침서는 이러한 여정의 첫걸음에 불과하다. 그러나 첫걸음을 떼는 것으로부터 중요한 기반을 만들 수 있다. 이 지침서는 주로 2004년 스리랑카에서 발생한 인도양 쓰나미에 대응했던 활동과 영국의 경제사회연구위원회(ESRC)가 후원하는 프로젝트를 통해 수행된 연구 자료를 토대로 하여 발전되었다. ESRC 프로젝트는 2009년부터 2012년까지 3년 동안 수행되었으며, 이는 "제도적, 전문적, 실천 국제화 프로젝트"(Internationalising Institutional and Professional Practices Project: IIPP)로 명명되었다. 재난이 일어나고 한참 시간이 지난 후에 연구가 수행됨으로써, 현지 사람들에게 재난 경험을 성찰할 시간을 주었고, 다가올 삶을 재건하려는 지역민들의 여러 시도를 포함하여 재난 개입의 모든 단계를 다루었다. 긴급구호, 복구, 재건 그리고 미래 잠재적으로 발생할 수 있는 재해로 인한 위험을 최소화하는 준비 등의 모든 단계가 포함되어 있다.

이 연구는 해석적 민속지학 방법론을 사용하여 12개 스리랑카 마을을 조사했으며, 재난 발생 기간 동안과 재난 이후에 지역과 국제 개입을 둘러싸고 일어난 논쟁적 의미를 탐구하기 위한 연구였다. 민속지학적 방법론은 지역참가자들이 살아가는 풍부하고 복잡한 사회적 세계를 고찰할 수 있게 해주고, 이 사회적 세계는 특히 현지 조직과 주민이 포함된 이해 관계자들 모두가 조사 과정에 적극적으로 참여하게 만든다. 이 프로젝트는 특히 사람들이 외부 개입을 통해 역량이 강화되었는지 여부나, 재난이 사적 이익을 위해 지역주민과 자원을 이용하는지 여부를 조사하는 데 예의주시하였다. 이 프로젝트는 원조제공과 분배과정에서 역량강화와 역량상실(disempowerment) 양면의 증거를 찾아냈다. 연구의 결론에 도달하기 위해 이 프로젝트는 지역 조사자를 고용하여 368건의 인터뷰, 35건의 현장노트, 10건의 포커스 그룹과 1건의 NGO 온라인 조사를 수행했다. 주제와 상호작용과 관계 유형을 결정하기 위해 NVIVO를 사용하여 자료를 분석하였다. 이 분석은 이 지침서를 만드는 데 결정적인 역할을 했다. 연구결과는 지진과 홍수를 포함한 다양한 재난의 종류에서 지역주민에게 제공되었던 후속 연구와 지원을 통해 밝혀진 자료가 보완된 것이다.

한편, IIPP 프로젝트는 환경 문제에 대한 사회복지의 접근 방식에 새로운 차원을 열어주는『녹색사회복지(Green Social Work)』(Dominelli, 2012)를 출판하는 계기가 되었다. 녹색사회복지(GSW) 관점은, 환경의 맥락에서 사회복지를 연계시키고 동시에 사회정의 개념 내에 환경 정의의 아이디어를 통합하는 작업을 하고, 이를 비판이론으로 재구성하여 재난 상황에서 총체적인 형태의 사회복지실천을 정립한 점에서 독특한 시각이다. 녹색사회복지는 학제간 융합적이며, 소수를 위한 이익을 창출하는 신자유주의 산업화의 목적을 충족시키기 위해 주로 지구를 착취의 수단으로 여기는 산업화 형태에 의문을 제기한다. 녹색사회복지는 불평등하고 지속 불가능한 자원의 분배와 정치 구조의 단기주의(short-termism)에 반대하는 주장을 한다. 뿐만 아니라 녹색사회복지는 위험 완화 및 재난 개입을 위해 지역의 특수성과 문화적으로 적합한 접근방법을 수용한다. 이는 사회복지실천에서 반억압적 접근 주장과 다르지 않다. 더욱이 녹색사회복지는 기존의 환경사회복지가 보여주었던 자연환경에 초점을 둔 좁은 시각에 문제를 제기했다. 왜냐하면 환경사회복지는 환경재난이 발생하는 거시적인 수준의 사회적, 정치적, 경제적 및 문화적 맥락을 무시하기 때문이다. 그러므로 녹색사회복지는 사회복지전문직에서 수행되는 환경문제에 대한 혁신적인 접근인 것이다. 녹색사회복지실천은 모든 사람과 모든 생명체 즉 식물, 동물, 그리고 생태계의 구성요소들이 상호 의존적이며 관계적 본성을 인정하는 자연적 생태계를 돌보는 의무도 포함되어 있다. 따라서 사람들은 모든 생명을 지탱하는 지구행성을 위하고 또 돌볼 의무가 있다. 이 지침서에는 모든 살아있는 생명체들과 지구를 위험에 빠뜨릴 수 있는 다양한 재난에 대해 실천가들이 책임감 있게 행동할 수 있도록 하는 실용적인 제안들이 제시되어 있다.

한국은 많은 여러 종류의 재난이 일어나고 있다. 북한과의 불안한 관계, 자연 재해, 인간이 만든 재해, 즉 많은 학생의 생명과 미래를 파괴했을 뿐 아니라 오랜 기간 동안 희생자 가족과 생존자에게 슬픔과 고통을 준 세월호 참사와 같은 인간이 만든 재난이 포함된다. 나는 몇몇 세월호 참사의 영웅적인 생존자, 그들의 가족과 이들을 돕는 실천가들을 만났다. 나는 그들의 용기와 회복탄력성에 찬미할 수밖에 없었다. 나는 그들의 가슴 아픈 고통이 줄어들고 더 밝은 내일을 맞길 바란다. 나는 내 모직 옷에 달아 주었던 노란리본을 여전히 달고 있다.

지침서에 있는 나의 제안이 재난 상황에서 사회복지실천을 개선하는 데 도움이 되기를 희망하고 또 실천가들의 발전과정에 관한 소식을 듣고 싶다. 우리 모두가 지식과 경험을 공유함으로써, 실천을 향상시키고 지역의 특수성에 더 민감하고 잘 준비되며 문화적으로도 적절한 실천가가 될 수 있을 것이다.

당신들과 연대하는

레나 도미넬리

더럼대학교

이메일: Lena.Dominelli@durham.ac.kr

옮긴이 서문

이 책은 영국 더럼대학(Durham University)의 사회복지학과 교수 레나 도미넬리가 2013년에 쓴 『Disaster Interventions and Humanitarian Aid Guidelines, Toolkit and Manual』를 번역한 내용이다. 사회복지실천이론에 관심을 가진 사람들에게 레나 도미넬리(Lena Dominelli)는 낯선 이름이 아니다. 한국에서는 그의 책 『Social work: Theory and practice for a change profession』이 『세계화와 사회복지실천』으로 번역되었고 도미넬리 교수의 반억압실천(Anti–oppressive practice)은 대표적인 사회복지실천이론으로 알려져 있다. 세계사회복지학회(International Association of Schools of Social Work) 회장을 두 번이나 역임한 도미넬리 교수는 탁월한 학자이며 동시에 사회 불평등을 최소화하려는 사회정의 실천의 열정적 사회복지이론가 혹은 활동가로서 명성을 얻고 있다. 그는 100여편 이상의 논문과 공저자를 포함해서 20여권 이상의 저서를 발간할 만큼 탁월한 학문적 업적을 인정받고 있다.

도미넬리 교수는 자신이 사회복지이론 분야에서 "지도자"보다는 "개척자(pioneer)"로 평가받기를 원한다고 하였다. 이는 사회복지실천이론

분야에서 새로운 이론들, 즉 반인종실천론, 반억압실천론, 세계화 수준에서의 사회복지이론, 녹색사회복지(Green Social Work)를 개발하여 사회복지실천의 영역에서 그 이론적 지평을 확장시킴으로써 세계적으로 인정을 받고 있는 그의 업적에 그대로 드러난다.

도미넬리 교수는 번역에 참가한 양만재 박사의 학위논문을 지도한 인연으로 이 책을 판권없이 번역할 수 있도록 배려해 주었다. 또 다른 한국과의 인연은 재난과 연관이 있다. 2015년 이화여대에서 "재난시대의 사회복지실천론"이라는 주제로 개최된 워크숍에 초정된 연사가 도미넬리 교수였다. 그는 한국에 머물면서 세월호 참사와 관련하여 귀중한 3박 4일의 일정을 보냈다. 우선 그는 안산 분향소를 찾아 세월호 참사의 희생자를 추모했으며, 광화문 광장을 찾아 세월호 참사를 당한 가족들과 만나 고충을 듣고, 세계사회복지학회와 UN에 희생자 가족의 요구사항을 널리 알리겠다는 약속도 하였다. 또한 안산에서 세월호 가족을 위해 돌봄활동을 전개하는 '우리함께'라는 단체의 사무실을 찾아 현장에서 경험한 사회복지사들의 이야기를 듣고 그들을 격려하기도 하였다. 도미넬리 교수는 한국을 처음 방문하였음에도 다른 일정 대신 자신의 전문 분야와 관련된 현장을 찾는 행동을 보여 주었다. 이러한 그의 행보는 사회정의를 실천하는 현장사회복지실천가로서 존경을 얻기에 충분한 모습으로 한국에서도 그와 같이 했던 많은 사람들에게 감동을 주었다.

재난 개입의 매뉴얼에 주목해야 하는 첫 번째 이유는 한국에서 재난이 발생했을 때 실천가의 개입 원칙, 윤리, 지식과 기술 등을 제공한다는 사실이다. 2014년 4월 16일 세월호 참사가 발생한 이후 “사회복지사는 어떻게 해야 하는가”라는 물음에 사회복지사들은 답을 찾기가 어려웠다. 이에 대한 가장 큰 이유는 사회복지사의 역할이 제도적으로 규정되거나 사회적으로 승인되지 않았기 때문에 실천 자체를 할 수 있는 환경이 마련되지 않았다는 점일 것이다. 재난 매뉴얼의 발간은 사회복지 실천가들이 재난에 대응하는 가치, 지식, 기술을 제공받아 재난을 당한 생존자를 지원할 수 있는 행동수칙을 제공하는 데 도움이 될 것이다.

둘째, 재난 매뉴얼은 실천가뿐만 아니라 정책결정자, 조사자 그리고 훈련가들에게도 도움을 줄 수 있는 이론적 지식과 실천적 지식 그리고 기술을 제공하고 있다는 점이다. 특히 재난이 발생했을 때 정책집행가들이 생존자들과 가족을 무시하고 그들 주도의 방법으로 정책을 실행하는 것이 관행으로 자리잡고 있는 한국적 현실에서, 정책 결정자들이 생존자들과 희생자가족, 그리고 주민의 인권을 존중하고 그들의 목소리를 듣고 그들과 함께 정책을 수립하고 실행해야 하는 인간중심주의적 방법을 제시한 것은 정책수행방법을 새롭게 전환하는 데 중요한 정보를 제공할 것이다.

또한 그는 재난 실천의 주요한 개념으로 “취약성과 회복탄력성”, “역량구축” 등을 들고 있는데, 재난기간 동안 실천가들이 수행해야 할 과제와 재난 지역사회를 대상으로 개입해야 할 활동을 단계적으로 자세히 제시하고 있다. 심지어 그는 언론에 어떻게 대응해야 하는지 그 지침들도 상세히 기술하고 있다. 이 부분은 특히 한국 지역사회복지 분야에서 활동하는 실천가들에게 관심을 가지게 하는 내용들이다. 재난을 당한 현장에서 정부가 제공하는 구호 물자를 단순히 생존자들에게 전달하는 배분자의 역할에서 다양한 역할들, 예를 들면 촉진자, 지역사회 동원자, 정책당국자들과의 협상자, 생존자를 위한 옹호자, 희생자 가족을 위한 치유자 등의 역할로 확대 전환되어야 할 필요성을 인식하게 만드는 부분들이다.

한국의 경우를 예로 보면, 세월호 참사의 생존자, 희생자의 유가족들이 처해 있는 사회적 상황이 자연재해 피해자의 상황과 달랐기 때문에, 욕구를 사정하고 자원을 연결하는 사회복지사의 '일반적인' 개입활동을 수행하기가 어려웠다. 따라서 회복단계에서 강조되는 통합적인 사례관리방식의 실천도 한계가 있었다. 세월호 생존자와 유가족들은 사회에 드러나는 것을 원하지 않았거나 그들이 원하는 것은 진실규명과 책임자 처벌이었기 때문에 "욕구사정과 자원연계"라는 일반적인 실천원칙을 적용하기가 용이하지 않았다. 실천가들은 재난 발생 이후 재난희생자와 유가족들의 상황 적응에 초점을 둔 정상화보다는, 희생자들과 더불어 진실규명과 책임자 처벌, 나아가 재난 재발 방지를 위한 사회 구조의 전환을 원했다. 도미넬리 교수의 실천 모델이 우리사회에서 변혁을 위한 실천 모델을 창출하기 위한 논의를 제공할 것으로 기대한다.

셋째, 이 매뉴얼은 실천가들이 재난에 관련한 새로운 지식과 기술을 학습하고 이를 바탕으로 한국 재난 현장에서의 적용 가능성과 그 한계를 논의할 수 있는 기회도 제공할 것이다. 세월호 이후 재난에 대한 다양한 관심들이 실천가들의 활동영역을 확대시키고 있다. 재난을 예방하고 재난 이후, 개인 수준에서 희생자의 욕구와 권리충족에 대응하면서 동시에 사회구조적 변화를 위한 통합적 전략에 대한 논의는 우리 사회의 긴급한 과제가 되고 있다. 이러한 시기에 도미넬리 교수의 매뉴얼이 한국 재난 현장에서 어느 정도 적합성이 있는가 하는 점은 그가 지적하는 "지역성"의 확보와 더불어 대단히 흥미롭고도 그 의미가 크다. 매뉴얼의 지식과 기술은 실천과 논의과정을 거치면서 수정하고 보완하는 토착화 작업으로 연결되어야 할 것이다.

넷째, 그가 가진 약자중심의 여성주의적 시각이다. 그는 어렵고 힘든 재난 상황에서, 이중, 삼중고를 겪을 여성들을 항상 인식하고 있으며, 반드시 여성과 아동을 한 번 더 챙기고 보듬는 인간중심적 여성주의의 시각을 가졌다. 경제력이 없는 여성들에게, 임신 출산 등 생리적이고 신체적인 조건이 남성과 다른 여성들에게, 그리고 사회적 권력을 가지지 못한 주변부 집단으로서의 여성들에게 생존자로서, 또한 주민으로서 어떻게 그 역량을 강화시킬 수 있을지, 그리하여 재난의 당사자이고 수혜자이면서 동시에 재난의 원조자로서 우뚝 서게 할 것인지 고민한 흔적을 역력히 볼 수 있다. 여성으로서 주체적이면서 자발적으로 상황을 인식하고, 자신이 할 수 있는 일, 해야 할 일을 어떻게 찾아 갈 수 있는지 각각의 지침항목에서 보여주고 있다.

그는 2002년에 저술한 『여성주의 사회복지이론과 실천(Feminist Social Work Theory and Practice)』에서, "페미니스트 사회복지실천은 사회복지실천의 장에서 젠더인식으로 재구조화하는 것이며, 가부장적인 자본주의 사회구조 안에서 사회복지실천의 위치를 재정립하는 것"이라고 하였다. 그가 가진 이러한 여성주의적 시각을 기반으로 저술한 이번 지침서의 내용에서 여성주의적인 실천방법을 중심으로 다시 정리해 본다면 훌륭한 "여성주의적 실천개입 지침서"가 될 것이다. 그는 여성들이 평등주의적이고 지역적이며 또 공동체적 시각으로 자신과 가족 나아가

사회 전반에서 삶의 뿌리를 내리는 주체로서, 또한 생활 현장에서 삶을 강인하게 일구어 내고 있는 여성들에게 희망의 메시지를 전하고 있다.

번역은 저술만큼이나 어려운 작업이다. 책 전체에서 자주 등장하는 단어들은 단순하지만 한국어로 번역했을 때 단어가 가진 미묘한 차이를 표현하는 데 한계가 있었다. 예를 들면 도미넬리 교수가 자주 사용한 원조(aid)는 비슷한 뜻인 도움(help), 지원(support), 후원(giving), 자원 제공(providing) 등의 단어들과 더불어 책의 문맥에 맞게 그 뉘앙스를 살리는 것이 쉽지 않았다. 때로는 실천가를 practitioner로 사용하기도 하고 player로도 사용하기도 하여 번역에 어려움이 있었다. 독자들의 이해와 양해를 구하며, 지적과 비판을 환영한다.

최근 한국에서 발생한 굵직한 재난만을 열거해도 1995년 대구상인동 지하철역 공사장 가스 폭발사고, 2003년 대구지하철 화재, 2007 태안 기름유출사고, 2010년 구제역, 2014년 세월호 참사, 2015년 메르스사태, 2016년 경주지진 등이 떠오른다. 이 책을 번역하게 된 가장 큰 동기는 이러한 재난을 겪으면서 번역자들이 느꼈던 개인으로서의 두려움, 현장에 도움이 되지 못하였다는 학자로서의 무력감과 죄책감 등이었다. 『재난 개입과 인도주의적 지원 지침서』의 번역을 시작으로 추후에는 재난지침서를 시리즈로 출간하는 것은 참으로 의미있는 작업이 될 것이다. 이러한 시리즈에는 재난의 유형, 즉 지진이나 태풍, 황사와 같은 자연재해, 대구지하철 화재나 세월호와 같은 인간이 만든 재난, 메르스사태와 같은 사회적 재난 등, 재난 유형에 따른 지침내용이 각 분야별로도 정리되어야 할 것이다. 또한 사회구성원들의 인구집단별 특성에 따라 지침서의 내용도 더욱 세분화되어야 할 것이다. 재난이 발생하게 되면 더 취약한 위치에 놓이게 되는 어린이와 여성들을 어떻게 보호할 것이며, 성인지적 관점에서는 어떤 대응방안이 있어야 하는지, 노인의 특성을 감안한 방법은 어떻게 마련되어야 할지 등도 중요한 과제가 된다. 나아가 미래에 닥칠지도 모르는 재난과정에 참여하고 발생할 재난에 대해 준비하며, 또 재난구호의 주체로서 그 역할을 할 수 있도록 청년층을 어떻게 재난 교육을 시켜야 할지 등도 논의되어야 할 것이다.

모쪼록 이 지침서의 번역이 재난 한국사회를 구하는 방법을 익히고, 안전한 미래를 향해 성찰하는 계기가 될 것을 기대하면서 번역의 기회를 준 2 · 18 안전문화재단과 이 책의 출판을 맡아준 양성원에 깊은 감사의 마음을 전한다.

2017년 6월 초

옮긴이 일동

저자 감사의 글

먼저 중요한 '제도적, 전문적, 실천 국제화 프로젝트(Internationalising Institutional and Professional Practices Project: IIPP)'에 연구기금을 지원해주신 영국 경제사회연구협의회(Economic & Social Research Council: ESRC)에 감사드립니다. 경제사회연구위원회의 지원이 없었다면 이 책에 실려있는 재난 개입의 지침 규정과 매뉴얼을 발표할 수 없었을 것입니다. 또한, 프로젝트를 수행하는 동안 이 연구에 참여한 분들께도 감사드리고 싶습니다. 무엇보다 연구에 동참해 주신 스리랑카 마을 주민들에게 고마움을 표합니다. 그들은 우리 연구진에게 그들의 경험을 학습할 수 있게 해 주었고, 이웃을 돕는 그들의 통찰력을 나누어 주었습니다. 이 프로젝트를 지원해 준 지역의 스리랑카 현지 비정부기구(NGOs)와 대학들, 현지 조사자들, 특히 페레라(Kanthi Perera), 샨타(Sunil Shantha)교수와 터니(Terney), 프로젝트자문위원회, 공동 연구원인 팔머쿠퍼(Joy Palmer-Cooper)교수, 그리고 연구조사단, 자료수집에 도움을 준 조사연구원 포웰(Mark Powell)박사와 빅커스(Tom Vickers)박사, 기술 지원과 도움을 준 화이틀러(David Whiteley)께도 감사드립니다.

사진은 IM (Institutional Model: 기관 모델)과 PPM (Professional Practice Model: 전문실천 모델)에 참여 참여했던 학생과 도미넬리(Lena Dominelli)가 제공함

*'제도적, 전문적, 실천 국제화 프로젝트(Internationalising Institutional and Professional Practices Project)'*는 *'지역발전 더럼연구협력기관(Durham Research Partnerships for Community Development)'*의 일부임.

차례

〈그림 목차〉

1. 서론

2004년 인도양에서 발생한 쓰나미(Tsunami)는 12개국의 인명, 생존권과 생태계를 황폐화시켰으며, 현존하는 기억에서 가장 큰 재난 중 하나로 기록되어 있다. 선의, 관대함, 인도주의적 지원이 쓰나미 피해지역에 투입되었고 이들 원조는 피해자들이 재난에서 회복할 수 있도록 해주는 필수적인 요소가 되었다. 그러나 피해지역에 도움을 주는 원조과정이 항상 투명한 것은 아니었다. 피해자들을 원조하는 과정은 원조의 재화와 서비스만큼이나 중요하다. 경제사회과학연구협의회(ESRC)는, 2004년 쓰나미 참사 발생 지역 중 가장 피해가 극심한 국가인 스리랑카(1)를 선택하여, 원조 수혜 주민들이 인도주의적 도움을 어떻게 인식하였는가를 조사하는, 2009년부터 2012년까지의 3년 프로젝트를 지원했다. 이 프로젝트는 '제도적, 전문적, 실천 국제화 프로젝트(Internationalising Institutional and Professional Practices Project: IIPP)'라는 이름으로 진행되었다. IIPP

는 스리랑카의 재난생존자들이 자신의 역량을 강화하는 임파워링 방법이 있었는지를 확인하고, 임파워링의 기준에 따라 운영되었다고 주장한 두 가지 프로젝트를 평가하는 작업도 포함시켰다. 하나는 우리가 제도적 모델(Institutional Model: IM)이라고 이름붙였다. 왜냐하면 스리랑카의 중요한 비정부기구(NGO)들과 협력하고, 자원봉사자로서 다양한 분야에 대학생들이 참여하여 사업을 하였던 영국의 대학이 이를 주도하였고, 또 그 대학 내에서 작업이 이루어졌기 때문이다(2). 다른 하나는 전문적 실천 모델(Professional Practice Model: PPM)인데, 이는 3가지 수준에서의 사회복지, 즉 교육, 훈련과 조사활동을 수행하였던 국제 시민 사회 조직(Civil Society Organization: CSO)의 후원으로 시작되었기 때문이다.

재난개입을 위한 툴킷(toolkit)(3)은 지역주민들이 역량강화로서 경험한 내용들을 인도주의적 지원으로 연결하여 그 원칙들을 구성하려는 IIPP 조사와 결과보고서에서 도출된다. 이 툴킷은 원조하는데 필요한 원칙, 질문 그리고 지침을 제공한다.

- ***정책수립자.*** 수혜자들의 관심사를 이해함으로써 인도주의적 원조를 받는 사람들에게 더욱 타당한 정책을 마련하도록 한다.
- ***실천가.*** 특히 구호활동가와 사회복지사들인데, 이들은 재난

을 대처하는 데 필요한 회복탄력성을 증진시키고 구호활동의 역량을 강화시키려고 노력하면서, 임파워링방식으로 수혜자를 지원한다.

- ***조사연구자.*** 재난 생존자가 밝힌 문제를 연구자와 피해 주민이 공동으로 해결하는 데 지역주민을 참여시켜 조사를 수행하려는 조사연구자들이다.
- ***교육자.*** 재난 개입을 위해 문화적으로 관련성이 있고 지역에 특화된 커리큘럼의 자료를 만드는 교육자들이다.

이 툴킷은 처방서가 *아니다.* 오히려 이 책은 정책수립자, 실천가, 조사연구원, 교육자들이 정부, 인도주의적 지원기관 그리고/또는 지역사회 등 어디서든 현지 상황과 흐름에 적용할 수 있는 원칙들과 문제들을 강조한다. 이 책은 인도주의적 지원을 위해 계획을 수립하고 실행하는 데 *동등한 동반자*로서 지역주민들이 함께 참여하는 *지역 문화적 독특성을 반영하여 개입*하도록 제고한다. 정책수립자, 실천가, 조사연구원, 교육자 네 집단으로 나누어 설명한다.

■ 자료 수집

IIPP 조사연구를 통해 수집된 자료들은 이 책에 들어있는 지침들을 제공한다. 자료는 NGO들이 45항목의 설문지에 응답한 온라인 조사자료, 심층면담과 포커스 그룹방법으로 수집한 386개 녹취록, 그리고 38건의 현장일지 등이 포함된다. 심층면담과 포커스 그룹 자료는 디지털 방식으로 녹음하고 기록되었다. 정확성을 확인하고자 이 조사에 동의한 면담 대상자들에게 녹취록을 다시 보냈다. 자료는 NVivo 소프트웨어를 통해 코딩했고, 연구 참가자들이 표명한 주제를 도출하기 위해 근거이론 방식으로 접근하였다. 근거이론의 조사방법과정은 조사연구자들이 선입견 없이 자료를 보고 피면접자의 우선순위와 개념에 따라 주제를 부각할 수 있게 해준다.

■ 주석

1. 인도주의적 지원 담론에서 사용되는 용어는 문제가 있다. 왜냐하면 '기부자'와 '수혜자'로 말하는 것은 이미 상호 관계에서 내재하는 특정한 종류의 권력관계를 내포하고 있다. 수신자가 자신의 견해와 세계관, 이해, 지식과 상황인지에 따라 행동을 취할 능력을 가진 주체(agent)로 간주하는 것이 이 툴킷의 입장이다. 재난 희생자가 아니라 재난 생존자라고 부르는 것은 그들을 주체적인 존재로 인정하고 피해자의식(victimhood)을 극복하고 이미 앞으로 나아갔거나 나아갈 수 있는 주체적 존재임을 주장하는 것이다.
2. 현물과 서비스를 제공하는 실천가들이 재난 상황에서 수행하는 역할은 많고 다양하다. 재난 실천가들에는 인도주의적 실천가, 구조대원, 사회복지사, 지역사회복지사, 보건요원 등이 포함된다. **'실천가'는 그들 모두를 포괄하는 글로벌 용어이다.** 이 툴킷의 목적에 비추어 나는 **'실천가(들)'라는** 용어를 **질문, 이슈 그리고/또는 원칙** 등 다양한 실천범위에 적용하는 데 사용할 것을 제안하며 나아가 더 구체적인 특성(specific)을 제안하고 싶다.
3. 이 툴킷은 재난생존자들과 함께 활동하는 사람들의 관점에서 작성되었다. 다음과 같은 사항을 추가로 주장하고자 한다. 재난 발생 동안 모든 사람들이 떠났을 때 잔재물들을 줍기 위해 남는 사회복지사는 인도주의적 지원 담론에서 훨씬 능동적인 역할을 담당해야만 한다. 사회복지이론과 실천에 익숙하지 않으면서 이 분야에서 활동하는 사람들은 매일매일 사람들과 함께 활동하는 방식에서 유익한 통찰력을 얻을 수 있을 수 있을 뿐 아니라 역으로도 마찬가지다. 또한 이 인도주의적 지원에 대한 툴킷에 다학제적 접근방식들이 논의된다. 그래서 물리적 위험과 위해를 이해하는 데 물리학의 지식이 현장에 있는 사회과학자와 실천가들을 보충, 보완해줄 수 있으며, 그래야 그들의 활동은 특정한 상황에서 실천할

수 있는 것과 실천할 수 없는 것에 대한 증거를 가지고 보다 확고하게 뿌리를 내릴 수 있다. 이러한 다양한 지식 영역을 효과적으로 활용하려면, 차이점을 넘어 대화에 참여하려는 의지, 지역적으로 보편화된 지식의 가치, 문제해결을 위한 협업 등이 요구된다.

2. 상황적 쟁점

인도주의적 지원은 논쟁의 여지가 있다. 인도주의적 지원은, 지원개입의 능력을 강화하고 효과적으로 실행하는 데 필요한 요인과 방법에 관해서 각자 의견이 다르다 하더라도, 일반시민과 자선단체의 기부자들은 사람들을 원조하는 활동에 목적을 둔 이타적인 활동으로 인식하는 것이 분명하다. 한코크(John Hancock, 1991)와 같은 부류의 사람들은 인도주의적 지원을 서구국가들의 이득을 실현하기 위한 제국주의적 기업활동으로 간주하기도 한다. 이러한 분석은 시장주도 권력국가들이 세계무대에서 자리를 차지하고, 세계화에 의해 새로운 지정학적 현실로 이동하게 될지도 모른다는 것을 보여준다. 재난 생존자의 착취에 관한 주제는 클라인(Naomi Klein, 2008)에 의해 더욱 발전되었다. 그는 인도주의적 지원을 재난 발생에 따르는 파괴와 고통의 현장에서 착취를 통해서 수익을 추구하는 다국적 기업의 유리한 글로벌 사업이라고 주장했다. IIPP 연구결과는 인도주의적 지원이 성취할 수 있는 것은 다양한 요인들에 의해 좌우된다는 것을 알려준다. 그 요인에는 상황, 자선가와 수혜자의 의도, 문화적 기대, 주체자로서 지역주민이 행사할 수 있는 기회와, 재난 생존자에게 적용가능하거나 또는 그들이 행사하는 기술과 자원 등이 해당된다. IIPP는, 인도주의적 지원실천가 자신들은 일상적인 생활관행에서 위험에 처할 수 있을(Dominelli, 2012c) 뿐만 아니라 그들의 일상이 위협받을 수도 있다는 연구결과도 밝혀냈다. 이러한 문제는 많은 사람들이 발견하였던 것처럼 원조실천가들이 무력 충돌 상황에 놓이게 되면 그들의 삶은 결정적으로 위험에 처하기 때문이다. 예컨대, 이라크에서의 유엔 사무총장 특별 대표, 멜로(Sergio Vieria de Mello)는 2003년 바그다드에서 살해되기도 하였다.

인도주의적 구호사업은 급박한 욕구를 사정하고 적합한 서비스를 전달하는 사회복지사, 건강전문가와 자원봉사자 등을 포함하는 원조복지사들이 참여한다. 참여했던 많은 사람들은 그들이 맡은 사업을 수행하는 데 필요한 훈련을 충분히 받지 못했다. 이러한 교육과 훈련 부족은 인도주의적 지원 서비스를 전달하고 제공하는 활동에서 주민의 신뢰를 얻는 데 문제가 된다. 신뢰 부족은 지속가능하고, 잘 훈련된 전문직에 도움이 되지 않기 때문이다. 전문직은 도움을 필요로 하는 사람들에게 어느 정도 통제력을 가지고 있다. 또한 원조과정에 참여한 사람들은 신뢰감과 원조에 필요한 전문적인 기술을 소유하여야 하고(Walker, 2010), 재난 상황에서 취약한 사람들이 억압받지 않고 도움을 줄 수 있는 역량을 확인할 수 있어야 한다. 어느 곳에서 어떤 이름으로 불리더라도 실천가들의 주요활동은 다음과 같이 정리될 수 있다:

- 음식, 물, 의약품, 의복, 피난처 등을 포함하는 기본적인 욕구를 충족시키기
- 시간을 필요로 하고 감정적으로 견디기 힘든 활동으로서, 실종자 가족 찾기
- 다양한 주민에게 효과적으로 대응할 수 있는 다양한 의사소통기술뿐 아니라 특정 문화나 지역에 적합한 언어 기술로 도움이 필요한 재난 상황에서 여러 사람들과 의사소통하기
- 공공 설비, 전원 공급 장치, 통신 설비, 운송네트워크 및 위생시스템 등 인프라구조 파괴를 복구하기
- 지역적 민감성을 알고 있지 못하는 기부자가 출연하는, 특정방법으로 연계되지 않은 기금들을 포함, 원조기금 알아보기
- 주민들을 참여시키고 자원을 가진 사람과 도움을 필요로 하는 사람과 연결시키는 데 창의적이고 또 인내심을 소유하기
- 재난 피해지역과 그 외 지역, 국가, 국제적인 조직 등, 모든

곳에서 다양한 외부자원과 사람들을 끌어 들일 수 있는, 중재자(broker)로서 활동하기

이러한 활동가를 *인도주의 지원 실천가*(humanitarian aid practitioners)라고 부르며 재난발생에 따라 응급 상황에 대처하는 전문가들 중에 구조대원, 사회복지사, 의료임상가 등이 포함된다. 각 실천단계마다 필요한 자원을 확보하기 위한 모금활동은 모금을 위해 필요한 장소의 접근성을 확보할 때만이 아니라 원조를 전달하는 과정에서도 문제가 발생할 수 있다. 무장한 사람들 간의 갈등이 발생하는 상황에서 원조활동을 수행해야 하는 현실이라면 원조허가를 얻어내기가 특별히 어렵다. 쓰나미가 발생하였을 때 인종 간의 갈등 상황에 처해 있었던 스리랑카의 경우 인도주의적 지원을 제공하기 위해 정부의 허가를 받아야 했다. 대부분의 구호활동가들은 원조를 위해 엘람(Tamil Eelam)의 해방 타이거(Liberation Tigers of Tamil Eelam: LTTE 혹은 Tamil Tigers)가 통치했던 지역으로 진입 허가를 얻어내지 못했다(Ruwanpura and Humphries, 2005). 정부가 이를 거부한 주요 이유는 활동가의 안전을 보장하기 어렵다는 것이었지만, 이러한 결정을 내리게 된 상황은 아주 정치적이었다. 스리랑카 정부는 많은 '외국인'들이 자국 내에 문제가 있었던 지역, 현재 문제가 있는 지역사람들과 접촉하는 것을 원치 않았기 때문이다.

게다가, 이러한 지역의 주민들이 어떤 도움을 필요로 하고 그들에게 의미가 있는 지원이 무엇인가를 발견한다면, 구호활동가들이 실시해야 하는 내용도 문화, 종교, 언어적 차이에 따라 다르게 특징지워졌을 것이다. 그들의 문화, 종교, 언어에 따라 정치적 민감성을 건드리지 않고 어느 한 지역을 원조하기가 힘들다. 그래서 국제적십자사(Red Cross)는 전통적으로 정치적 갈등 사안에 대해서 중립적 위치를 유지해 왔다(Slim, 2000). 거대 시민사회 조직, 적십자사, 옥스팜과 같은 국제NGO 단체들은 공정하게 행동하고 윤리적인 행동을 실천하기가 쉽다. 소규모 조직들의 원조와 개별 자원봉사자의 통제는 조직 역량과 인원의 부족으로 제한되고 분산적이기 쉽다. 그렇지만 자격을 갖춘 사회복지사들은 정치, 종교, 문화 혹은 여타 관점과 무관하게 도움을 필요로 하는 사람에게 윤리강령에 따라 전문적 실천활동을 하고, 윤리강령에 따라 실천하지 않으면 제재를 받을 수 있다. 실천 현장에서 실천가들을 지원하고 감시할 수 있는 전문적 인프라를 갖추는 것도 인도주의적 지원을 실행하는 데 중요하다.

사회복지사는 언론에서 크게 조명받기보다 실제적인 도움을 제공하는 현장에서 만나게 된다. 그들의 헌신과 기여는 사회복지실천의 개입과 마찬가지로 공개적으로 부각되지 않는다. 따라서 사회복지사들과 함께 참여했던 사람들은 사회복지사의 활동을 대개는 알고 있는 사람들이다. 재난은, 자신의 욕구를 스스로 해결하는 사람과 지역사회 체계의 역량을 위협하는 충격적인 사건으로 정의한다(Perez and Thompson, 1994). 다음과 같은 사회복지 특유의 기술은 재난 개입기간 내내 관련성이 있고 유용하다:

- 즉각적인 대응
- 복구 시기
- 재건 시기

사회복지 가치와 기술은 다음과 같은 측면에서 특히 중요하다.

- 윤리적으로 행동하기
- 사람들의 매일 일상적인 관행에 참여하기
- 자원에 접근하기
- 다양한 활동가들과 조직들의 활동을 조정하기

사회복지사는, 존중과 존경심으로 사람의 존재를 인정하고, 참여를 통해서 사람들의 역량을 강화하고, 경험한 것을 경청하고, 미래에 대한 기대를 고안하는 방법을 고심하고, 사람에게 실천적인 원조와 지원을 제공하려는 전문가들이다. 이러한 사회복지사들의 특성은 인도주의적 실천가들과도 친숙할 것이다. 인도주의적 지원을 전개하는 상황에서 다양한 전문가 조력집단들 간의 유사성은, 인도주의적 지원에 의해 제기된 쟁점들을 처리하기 위해 동반하는 인프라와 더불어 인도주의적 지원실천가를 위해 새로운 전문직 직업 창출이 필요한지 또는 기존의 인프라와 더불어 전문적인 책임성과 통제를 확보하고, 이미 검증된 전문직 기준과 가치기반을 제공하며, 자격인정과 규제 체계를 확보하고, 거대한 실천가 조직을 포괄하며, 세계의 많은 지역에서 고도의 전문수준까지 훈련 기관으로서 인정받고 있는 기존의 전문직 중 어느 편이 더 나은가를 선택할 필요가 있다. 전문직이자 대학 내에서 학문으로서의 사회복지는 이미 그런 체계를 가지고 있고 인정도 받고 있다. 질문은 다음과 같이 재구성할 수 있다. 인도주의적 지원사업은 사회복지 내의 한 다른 전문성으로, 즉 아동보호, 노인돌봄, 집단사회사업 또는 지역사회 개발과 같은 전문성으로 인정을 받는 것이 적합한가? 이 질문은 고려해 볼 만한 가치 있는 생각이다. 이 문제는 인정된 전문적 기반을 가질 수 있고 인도주의적 지원사업으로 쉽게 포함시킬 수 있는 기존 인프라를 포함하여 많은 장점이 있다. 이를 통해서 신속하게 실행에 옮길 수 있다는 장점도 있다. 사회복지는 지금까지 인도주의적 지원실천가들이 제기했던 이러한 쟁점들을 심의하는 과정에서 제외되어 왔지만 이제는 참여할 시기라고 본다. 제기된 문제에 대한 응답을 생각하지 않아도 이 툴킷에서 다루어진 문제와 지침은, 별도의 전문화된 규정이 없다면, 인도주의적 지원을 전달하려는 모든 사람들에게 도움이 된다.

직함이 무엇이든 인도주의적 지원 실천가들은 재난 개입의 목적과 그들의 역할에 관해서 명확해야 한다. 그들이 더 나은 실천을 수행할 수 있으려면 다음과 같은 질문에 대답해야 할 것이다.

- ***정당성.*** 외부 활동가가 재난 상황에서 개입할 수 있는 정당한 근거는 무엇인가?
- ***자격.*** 어떤 자격, 지식 및 기술이 필요한가? 그것에 관한 표준은 누가 결정하는가? 그러한 표준은 어떻게 유지되며 누구에 의해 지속되는가? 실천가의 자격기준이 정기적으로 상승되고 있음을 확보하는 책임성은 누가 보장하는가? 자격등록의 체계가 필요한가? 이 자격체계를 지속시키는 것은 무엇인가? 재난 이후 지역사회를 지원하고 원조하는 데 이미 참여한 전문가들이 이용하고 있는 유용한 기존 인프라가 존재하는가? 그러한 인프라는 무엇인가?
- ***수혜자.*** 누가 실천개입으로 혜택을 받는가? 어떤 방식으로 혜택을 받는가?
- ***책임성.*** 누가 책임질 사람을 결정하는가? 누가 책임질 사람을 훈련시킬 것인가? 그들을 어떻게 어디서 훈련시키는가?
- ***사정.*** 어떤 위험 요소와 위해한 요소를 고려해야 하는가? 어떤 집단이 그런 위험에 영향을 받는가? 그런 위험한 파급효과를 각 집단은 어떤 방식으로 약화시키는가?
- ***자원화.*** 어떤 자원을 사용해야 하는가? 누가 그 자원에 접근

할 수 있으며 누가 할 수 없는가? 자원은 어디서 어떻게 접근할 것인가? 어떤 지역자원을 사용하며, 자원의 사용 효과를 어떤 방식으로 최소한 유지하는가?

- 지역사람들이 재난 발생 초기, 재난 발생 이후 회복기, 재난 발생 이후 재건의 단계를 거치는 동안, 재난을 통제할 수 있는 지역사회의 탄력성과 능력의 향상은 어떤 방식으로 가능한가?

다음 그림은 재난 상황에서 인도주의적 지원실천가들이 인간 존엄성, 인권과 사회정의를 담보하는 준거 틀에서 실천하고자 한다면 그들이 생각해야 하는 복합성과 중요한 맥락을 표시했다. 그림은 실천가들이 활동하고 재난 생존자들이 생활하는 정치적 역학관계와 권력관계도 동시에 표시하고 있다.

그림 1 재난 기간 동안 공정한 실천의 임파워링

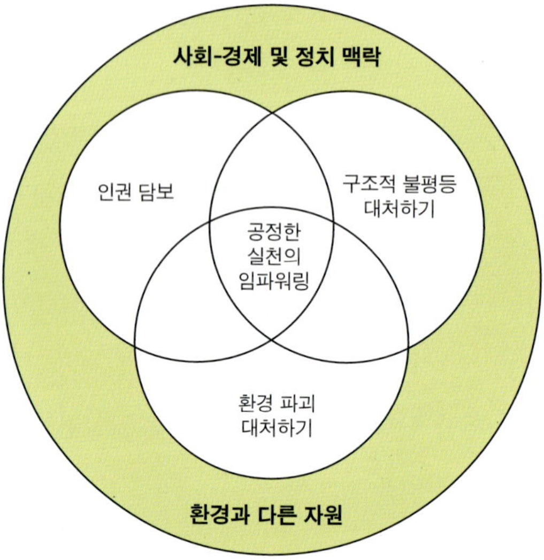

출처: Dominelli, L. (2013) 'Environmental Justice at the Heart of Social Work Practice: Greening the Profession' in the International Journal of Social Welfare.

■ 재난 정의와 재난 상황에서의 활동

재난개입은 일상적인 생활의 심각한 파괴가 원인이 된 '자연적'이며 '인간이 만든' 현상이다. 재난개입은 대개 외부개입 혹은 원조를 요구할 정도로 너무도 심각하다(Perez and Thompson, 1994). 자연재난과 인간재난 간의 경계구분은 불분명하다. 왜냐하면 기후변화는, 인간에 미치는 모든 유형의 재난에 대하여 그 파급효과가 심

화될 것이며, 특히 재난은 극단적인 기후와 관계가 있다(Oven et al., 2011). 두 부류에 포함되는 재난의 종류는 다양하다. '자연'재난은 지진, 화산 폭발, 쓰나미, 가뭄, 산사태, 홍수가 해당된다. '인재'((Hu)man-made)는 빈곤, 무력 갈등, 오염, 적절한 공중 보건 인프라 및 시설의 부족한 대도시에 발생하는 과도한 도시화, 인도 보팔(Bhopal)에서 발생한 산업재해, 열대 및 온대지역의 산림 벌채에 따른 환경 위기와 기후변화 등이 해당한다.

재해는 일반적으로 몇 단계로 구분할 수 있으며, 각 단계마다 상이한 대응이 필요하다. 그 단계는 다음과 같다.

- 사전 재해 대비, 재해 완화와 예방
- 재난 대응 (즉각적인 구호)
- 복구와 재구성
- 미래의 위험 감소와 예방 (가능한 경우)

실천가의 재난 준비는 개입의 연속적인 과정(continuum)에서 발생하며, 실천가들은 자신들 스스로 돌봐야 하며 각 단계에 따른 준비를 하여야 한다. 다음 그림은 디스임파워먼트(disempowerment)에서 임파워먼트 개입에 이르는 양극선상에서 참여하는 주요 행위자들을 표시했다. 일부 실천가들, 특히 지역실천가들은 재난의 생존자가 될 수 있으며, 때로는 타자를 원조하면서 타자로부터 도움을 받는 이중적 역할을 수행하기도 한다. 이러한 활동에는 실천가들이 직면한 문제를 공동 해결하는 방안, 즉 문제해결을 위한 전략을 함께 개발하려는 활동도 포함된다.

그림 2 인도주의적 개입의 (디스)임파워링 연속형태

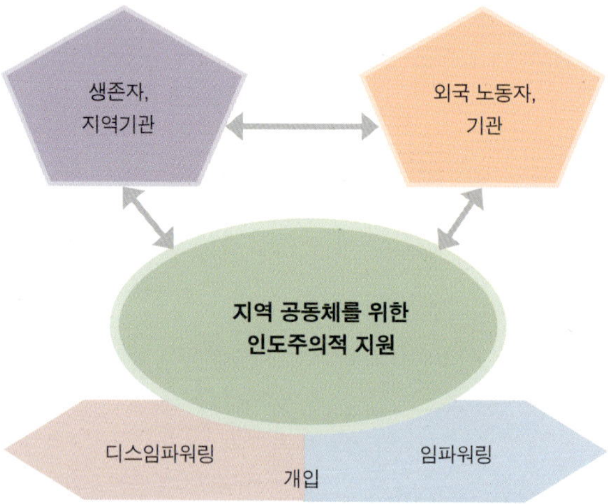

실천가들이 원조를 효과적으로 잘 수행하려면 조직적인 준비가 필요하다. 재난의 현장에서 실천가는 인도주의적 지원활동가, 구조대원, 사회복지사 혹은 지역사회개발활동가 등 여러 가지 이름으로 명명되지만, 재난 상황에서 활동하는 실천가는 다음과 같은 조언을 새겨들어야 한다.

- 현장에 진입하기 전 철저히 ***준비하기***
- 원조를 끌어낼 수 있는 강력한 ***네트워크 만들기*** (이메일, SKYPE는 대면지원을 보조할 수 있다.)
- 동료 지원과 멘토들의 네트워크를 ***확인하기***
- 원조활동에 대한 수퍼비전과, 지원활동에서 발생할 수 있는 도덕, 윤리적 실천 이슈에 대해 논의할 수 있는 편안한 공간 ***마련하기***
- 작업에 대한 유연한 ***접근 방식***과 언제든 예기치 않은 사안이 발생할 수 있음을 ***예상하기***
- 스트레스의 원인이자 스트레스를 줄일 수 있는 근원인 가치체계, 즉 ***자신을 점검하기***
- 지역주민의 ***말을 경청하고 그들로부터 배우기***. 적극적인 경청은 지역사회의 능동적인 참여를 촉진하는 데 매우 중요하다.

현장에 진입하기 전에 사전준비의 이슈와 관련해서 다양한 활동도 추가될 수 있다. 그 추가활동은 다음과 같다.

- 장기간 만나지 못할 수 있는 가족과 친구들을 위해 ***준비하기***
- 재난의 위치와 특성, 유형 등을 ***확인하기***
- 지역 상황, 정치와 문화를 ***이해하기*** (가장 넓은 의미에서 종교 포함)

- 어떠한 언어 문제가 있을 수 있는지 학습하고, 재난지역으로 가기 전에 몇 가지 핵심 문장을 배울 수 있는지 ***평가하기***
- 치아 건강을 포함한 건강과 체력 ***검사받기***
- 유급 고용이든 자원봉사든 상관없이 새로 채용할지 당신이 돌아올 때까지 자리를 보존할지 결정할 수 있도록 고용주에게 출발계획 ***알려주기***
- 집을 비우는 동안 집을 돌보고 유지하며 관리비를 지불할 ***사람을 찾기***
- 건강과 여행을 포함하여 ***보험 혜택 유지하기***
- 부재기간 중에 전문가 자격증 등록이나 허가가 취소되지 않도록 ***점검하기***

다른 중요한 고려 사항은 지역사회에 미치는 개인적인 영향과 흔적을 감소시키는 것과 관련된다. 이것은 다음과 같은 활동을 포함된다.

- 특히 미리 자신의 개인적 필요 사항을 충족시킬 방법을 계획함으로써 지역주민을 위해 필요한 자원에 대해 ***수요를 제한하기***

지역주민들이 숙박시설의 기준과 생활의 조건들에 대한 당신과 재난 생존자들 간의 격차를 알아차리고 때로는 지적할 것이다. 현장을 떠나서 평안한 환경에 돌아갈 수 있다는 특권을 인식하는 것이 원조활동에서 발생할 수 있는 긴장의 일부를 줄일 수 있을 것이다.

3. 정책수립자를 위한 안내

정책은 인도주의적 위기 상황에서 실천가들이 효과적으로 개입하도록 하는 절차적 도구이다. 좋은 정책은 좋은 실천에 필수적 요소이므로 정책을 개발하는 데 관심을 두고 정책에 관련된 지식을 잘 공유하는 것이 무엇보다 중요하다. IIPP 조사연구에 응답한 참여자들은 2004년 쓰나미 재난에서 요구된 지원에 부응하는 정책수립의 필수요인들로서 다음과 같은 가치와 원칙을 강조했다.

응답자들이, 특히 정책 입안자들에게 바라는 가치는 다음과 같다.

- ***존엄성과 가치.*** 지역사람의 가치, 존엄성, 기술과 지식을 담보하기
- ***윤리적인 상호작용.*** 지역사람과의 모든 상호작용에서 윤리적인 행동
- ***평등과 포괄성.*** 도움을 받았던 하는 사람과 도움을 주려는 사

람들 간의 평등주의적이고 포괄적인 협력관계

- ***능동적인 경청.*** 원조전달에서 많은 비효율성을 느꼈던 사람들은 자신의 이야기를 들어주기 원한다.
- ***강점, 상호호혜성과 유대성.*** 지역사람들은 도움을 주고자 하는 사람에게 제공할 것을 많이 소유하고 있으며, 개발과정에 관한 아이디어도 갖고 있고, 지역사회에서 전개되기를 원하는 것을 가지고 있으므로 강점 기반 접근법으로 활동하기
- ***참여적 관여.*** 지역사람들에게 영향을 미치는 사안에 관해서 의사결정과정에 참여하기
- ***상황적 개입.*** 지역사람들은 현존하는 관계, 권력구조와 자원의 가용성이 없는 진공상태에서 생활하지 않는다. 재난은 이러한 상황적 흐름에서 발생할 것이며, 물리적 구조가 붕괴되었다 할지라도 사회적인 것들에 대한 기대는 남아있고, 행동의 코드와 문화는 재난생존자를 위해 이용할 수 있는 자원으로 남아있다.

IIPP 응답자들은, 재빨리 안전성을 확보하고 사람들에게 원조를 전달하고 이를 계속 추진하는 과정에서 이러한 가치들이 무시된다고 느꼈다. 위에서 언급한 가치들은 지역사람들이 선호하는 가치들이고, 재난 생존자는 원조를 제공하는 과정을 현장에서 보고 있으며, 또한 생존자들은 정책수립자들이 재난 현장에서 행동강령

(code)을 지키면서 실천하길 원했고, 생존자들이 실천가에게 불만을 제기할 수 있는 절차를 제공해 주길 정책수립자들에게 원했다. 동시에 조사 응답자들은 윤리적 행동의 규칙을 준수하는 NGO와 CSO*의 실천가들에게 성원을 보냈다.

시의적절하고, 미래 지향적이며 참여적인 정책 결정

인터뷰에 참여한 응답자들은 원조 제공에 대한 말(rhetoric)과 실제 원조 전달 간의 불일치를 경험했기 때문에 현존하는 정책들을 개선하기 위해 정책수립자들에게 구체적인 제안을 했다. 응답자들이 제안한 사항은 다음과 같다.

- 정책 목표를 분명히 하기
- 원조를 받는 수혜자의 자격 기준은 명확하고 이해하기 쉽게 기술하기
- 이러한 기준을 실제로 적용하는 방법을 투명하게 밝히기
- 원조를 받을 자격이 있는 모든 사람들이 모두 그렇게 받았는가 확인하기
- 잠재적인 모든 수혜자에게 공정한 기준으로 원조하기

---

* 역자 각주

CSO: 특정 분야의 전문성을 내세운 최고책임자 'C'레벨의 간부유형을 약칭하여 부르는 말이다.

1. 사업전략 및 전체적인 경영전략을 담당하는 최고위임원을 말한다(Chief Strategic Officer)
2. 기업의 연구개발 분약의 최고책임자(Chief Scientific Officer)
3. 고객을 위한 고객만족책임자(Chief Satisfaction Officer)

- 효율적이며 시의 적절한 방법으로 원조를 제공하기
- 재난 생존자들의 요구에 따라 원조 제공을 조정하기. 이는 즉각적인 구호 시점에 이어 복구단계, 그 다음 장기적 재건단계로 진행되는 과정에서 재난 생존자의 요구가 변하기 때문이다.
- 원조 전달과정을 감독하고 지역사회의 모든 구성원에게 노력이 미칠 수 있는 방법으로 지역지도자들의 책무성 강조하기
- 원조 서비스 전달을 지속적으로 모니터링하고 평가하기
- 원조 평가와 모니터링에 지역주민이 참여하기
- 원조 분배에서 발생한 사안들에 대응하기

시의적절하고, 미래 지향적인 참여 정책

정책은 오직 실용적 방향에만 한정할 수 없다. 정책은 전략적 방향도 마련해야 하는데, 이 같은 차원은 미래의 위험을 줄이고 재난 후 재건조성을 위해 구성되는 정책차원에서 중요하다. 따라서 정책 결정 과정은 시의적절하고 미래 지향적이며 참여적이어야 한다. 정책결정자들이 지역주민들과 상의했다고 할지라도, 특히 주택과 생계회복을 위한 주요 욕구가 충족되지 못하거나 요구사항 이외의 물품을 받지 못했다면 주민들은 아주 저항적인 태도를 보일 것이다. 다음 그림은 원조의 효과적인 서비스 전달을 보장하기 위해 실천해야 하는 정책형성, 정책 실행과 평가로 이어지는 지속적인 순환과정을 나타낸다.

그림 3 정책 형성, 집행과 평가

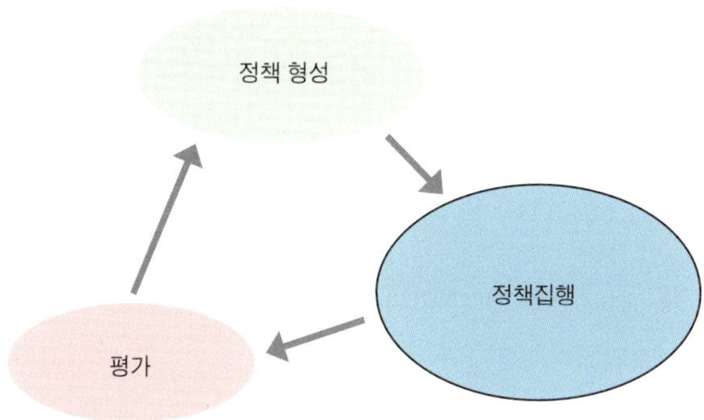

정책수립자와 지역주민 간의 대화는 특히 사회복지사와 같은 지역사회 참여기술을 가진 실천가에 의해 촉진될 수 있다. 이 대화에는 대화를 위한 적절한 장소를 찾는 것과 지역주민, 전문가 및 정책입안자 간의 의사소통을 위한 최고의 방법을 고려하는 것도 포함된다. 대화는 다음 같은 사항들이 포함될 수 있을 것이다.

- 대화에 참여할 정책수립자와 시민들, 장소와 방법을 확인하기
- 욕구의 충족은 가능한 자원과 시간에 의존한다는 것은 인정하면서, 절대적으로 충족되어야 하는 요구사항과 원하는 요구사항을 확인하기
- 현존하는 자원을 사용할 준비가 되었는지 확인하고 찾아야 할 다른 자원이 있는가를 확인하기

- 현존하는 지역사회 회복탄력성(community resilience)을 사정하고 이러한 사정을 더 발전시키기 위한 전략 수립하기
- 부실한 주거지, 부적절한 배수체계와 극심한 기상현상 등 예컨대 홍수와 가뭄에 의한 미래의 비극적 사안에 대해 더 나은 준비를 위한 위험 감소 전략 개발을 지원하기
- 효과적인 위험 감소와 적응 주도권을 만들고 실행하기 위해 필요한 인프라 개발하기
- 적절한 의사 결정기구에 제안되어야 할 정책에 동의하기
- 실천에서 정책결과를 모니터하고 평가하기
- 위해와 위험을 밝히고 그 위치를 지정하는 데(mapping) 자연과학자와 사회과학자를 지지하기. 예컨대 홍수방지 가옥 건축과 내진설계에 의한 건설을 통한 사상자를 줄이는 데 목표를 둔 예방적인 방안을 마련하기. 비록 작더라도 시민들이 가까운 거리에서 지역사회 내 안전한 대피소 만들기. 이러한 활동을 촉진하는 데 필요한 자원을 이용하기

재난감소 정책과 전략에 관해 현지 주민들과 논의하고 싶어 하는 정책수립자는 정보에 정통해야 하며, 지역주민들이 요구한 기술적 정보를 주민들에게 제공하기 위해 조사해야 한다. 그들은 조사에 주민들을 참여시키고 실천계획을 수립하기 위해서 전문가의 지식과 지역민의 지역정보를 수집하며, 이들 두 집단의 지식을 결합시키는 방법을 이용한다. 그 실천계획은 미래 위험을 축소하는 데 도움을 주며 재난대비를 위한 인프라와 물리적 환경 건설을 통해서 예방적 적응력을 증가하는데 도움이 된다. 또한 그 계획은 재난취약지역에 근접한 지역사회에 살고 있는 사람과 지역사회의 회복탄력성을 증대시키는 데 도움이 되기도 한다. 실천가들 특히 지역사회복지사들은, 정책입안가들과 지역사회가 대화하는 과정을 지원할 수 있다.

4. 실천가를 위한 안내

실천가는, 재난 생존자들에게 의미있는 일상생활의 관행을 회복하고 지역사회가 장기간 재생 계획을 수립하게 하며 이 계획에 따라 원조를 제공하는 등 중심적인 역할을 한다. 실천가는 재난 상황에서 개입하는 방법을 구상하고, 주민이 참여하는 지역의 파트너십을 강화하는 방법을 생각할 때 다음과 같은 사항을 살펴야 한다.

- 재난 유형
- 사용 가능한 자원
- 국가와 지역의 경제 상태
- 지역과 국가 영역에서의 의사결정 기관과 협치메카니즘이 포함된 정치 구조
- 문화에 내재한 다양성을 포함하는 지역 수준에서의 문화 전통
- 대인관계 및 사회 구조적 수준에서의 권력관계
- 지역 종교와 언어를 포괄하는 인종과 문화

• 특정 지역성에 관련될 수 있는 성, 계급, 나이, 장애와 여타 사회적 분열과 요인들

그림 4 재난 개입 파트너십

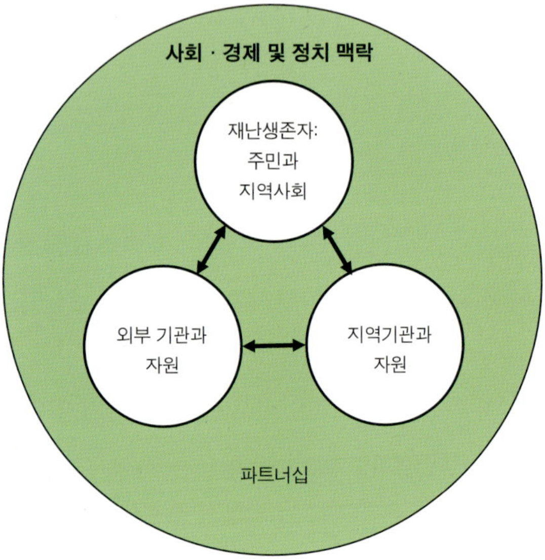

출처: Dominelli, L. (2013) 'Environmental Justice at the Heart of Social Work Practice: Greening the Profession' in International Journal of Social Welfare

위의 그림은 재난 생존자가 참여하는 임파워링 파트너십 형성의 중요성을 강조한다. 이는 지역파트너십의 제고를 통하여 나타나는데, 이 파트너십이야말로 지역민들이 주도할 미래 발전을 위한 행동계획을 수립하게 만든다. 지역과 외부 활동가들 참여에서 나타

나는 다양성 그리고 상호 참여와 의사결정에서 존중되어야 할 상호 간의 파트너십은 여기에서 대단히 중요하다.

재난 상황에서 수행되어야 하는 많은 과제는 사회복지 전문직이 수행해야 할 사항들이다. 그 사항은 다음과 같다.

- 욕구 사정하기
- 현물과 서비스를 조율하고 전달하기
- 가족 재결합 돕기
- 어린이, 노인 장애인, 환자 보호하기
- 개인과 지역사회의 삶을 복원하고, 회복탄력성을 개발하며, 위험을 최소화하고 미래의 잠재적 재난에 대비한 적응전략의 역량구축으로, 개인과 지역사회 지지하기
- 심리사회적 돌봄, 상담과 여러 형태의 개인과 가족 지원 제공하기
- 미래 발생할 수 있는 재난 예방을 목표로 하여 변화를 주창하고, 로비 동원하기
- 이용 가능한 서비스를 제공받지 못하는 재난 생존자가 없도록 보장하기 위해 총괄적으로 행동하기
- 기존 서비스를 개선하고 서비스를 받을 자격이 있는 사람들이 서비스를 받도록 보장하기
- 충족되어야 할 욕구가 확인되면 새로운 서비스 창출을 위해

노력하기

- 사람들이 과거에 경험한 피해 혹은 미래에 발생할 피해의 증거가 공개적으로 밝혀진 경우를 제외하고 비밀유지하기

문제제기는 실천가의 개입활동 중에서 중요한 일이다. 사회복지사들은 과업을 수행할 때 거북한 질문을 할 수 있다. 실천가가 제기하는 중요한 질문은 문제를 정의하고 문제해결을 모색하는 데 초점을 둔 질문이어야 한다. 그 질문은 다음과 같다.

- 문제점은 무엇인가?
- 누가 문제를 규정하는가?
- 누구에게 문제가 되는가?
  - 문제의 범위
  - 문제의 근원
  - 문제에 내재된 역동성과 권력관계
- 문제를 해결하거나 대처하기 위해 어떠한 행동을 취해야 하는가?
- 지식과 문제해결은 지역주민들과 어떤 방식으로 공동모색할 수 있는가?
- 제안된 행동이 실현 가능한가?
- 단기간과 장기간에서 회복탄력성을 어떻게 강화할 수 있는가?

- 공동 작업을 위해 지역 파트너와 기관은 어떤 방식으로 역할을 분담하는가?
- 재난에 영향을 받은 주민들 중에서 누가 취약하며 그들은 어떻게 보호할 수 있는가?

이러한 문제해결에 필요한 자원을 찾는 일은 간단하지 않고, 사건으로부터 끌어내야 한다. 그리고 그 일은 의견이 다른 집단을 대화공간으로 유인하여 조정활동과 행동으로 옮길 수 있도록 협상도 요구된다. 사회복지사들은 조정, 중재, 소통의 기술을 소유하고 있어야 상황을 개선하는 데 활용할 수 있다. 그러나 결과는 결코 보증할 수 없다.

과업을 수행하는 데 적합한 사람을 임명하는 일은, 인도주의적 실천가들이 활동 중에 만나게 되는 취약한 사람들을 보호하기 위해 매우 중요한 사항이다. 실천가의 가치와 윤리는 자격증, 전문적 판단능력, 취약한 사람들의 안전을 지키는 지식과 기술만큼이나 중요하다. 만약 그들이 자격을 갖춘 사회복지사가 아니라면, 채용된 구조대원들은 이러한 사항들을 확인해야 한다. 때로는 재난에서 다른 사람들을 돕는 실천가는 재난의 희생자이기도 하고 생존자이기도 하다. 이 같은 이중적 지위는 수퍼비전 실행시기와 실천가를 위한 지원서비스를 제공하는 활동 시기에 고려되어야 할 사항이다.

실천자를 모집할 때 다음 같은 질문을 할 수 있다:

- 당신은 어떤 동기에서 재난 원조활동을 하는가? 당신은 왜 이 일에 참여하고 싶은가?
- 원조활동을 위해 어떤 자격증을 보유하고 있는가?
- 어떤 기관에서 원조활동을 할 것인가? 누구와 함께 원조활동을 할 것인가?
- 어떤 원조(현물과 서비스)를 전달할 것인가?
- 욕구를 어떻게 사정할 것인가? 과거에 욕구사정을 해 본 적이 있는가?

실천가를 고용할 사람들이 고려해야 할 질문사항은 다음과 같다:

- 재난 생존자를 위해 어떤 현물이나 서비스를 전달한 것인지를 결정하는 데 적용할 기준은 무엇인가? 누가 이 같은 기준을 결정할 것인가?
- 재난 생존자에게 제공할 현물과 서비스를 누가(개인과 집단) 받을 것인가를 결정하기 위해 어떤 기준을 적용할 것인가?
- 재난 생존자에게 제공할 현물과 서비스는 어떻게 제공할 것인가?
- 현물과 서비스를 받을 자격이 있는 사람들 모두가 이러한 현물과 서비스를 받는다는 것을 어떻게 보장할 수 있나?
- 누가 도움을 받고 누가 도움을 받지 못하는가를 언제, 어떻게

기록할 것인가?

- 실천가의 개입으로 지역주민이 혜택을 누릴 수 있다는 것을 어떻게 보장할 수 있는가?
- 실천가를 고용한 기관은 지역 기관들과 어떤 관계를 갖고 있는가?
- 실천가를 고용한 기관은 중앙정부와 지자체와는 어떤 수준의 관계를 갖고 있는가?
- 누가 실천가의 활동을 규제하는 정책들을 결정하는가? 만약 그 정책이 작동되지 않는다면 실천가는 정책수립자에게 정보를 전달하는 방법을 알고 있는가?
- 실천가의 행동은 누가 책임지는가?
- '임파워먼트 방식으로 실천하는 것'을 어떻게 이해하고 있는가?
- 임파워먼트를 정의하는 데 지역주민의 역할은 무엇이며, 그 실행방식을 계획하는 방법은 무엇인가?
- 원조활동을 완수하는 데 누가 동반자가 될 수 있는가?
- 다차원적이고 유동적이며 총체론적인 맥락에서 원조활동을 인식하며 이해하고 있는가?
- 실천가의 입장과 다른 문화적, 사회경제적, 정치적 맥락에서 원조활동하기 위해 어떤 방식으로 준비하고 있는가?
- 지역주민과 지역자원이 유출되지 않는 방법들 중의 하나로

당신 자신과 당신의 욕구를 어떤 방식으로 살피고 있는가?

- 실천가 자신과 가까운 이웃들은 극단적으로 어려운 조건에서 일정 기간 떨어져 있을 준비하고 있는가?

■ 실천가가 인도주의적 지원을 확실하게 제공할 수 있는 원칙

윤리적으로 행동하기. 실천가는 자신에게 적용하는 전문가 윤리 강령(code)과 특정 지역성에 관련된 추가된 윤리적 규범에 따라 행동하는가?

해를 가하지 않기. 실천가는 어떤 사람 혹은 환경에 위해를 가하고 있는가?

비밀 유지하기. 비밀 유지를 위한 제한점은 무엇인가? 함께 활동하는 사람들에게 비밀유지를 설명하였는가? 비밀은 유출되지 않아야 하며, 활동을 시작할 때 비밀유지의 제한조건을 분명히 밝혀야 한다. 이 비밀은 상황에 따라 지켜야 하는 상황적 비밀(contingent confidentiality)이다. 실천가는 자신과 혹은 타인들에게 손해를 가할 위협은 신고해야 한다. 따라서 이러한 위협 상황이 일어나면 누구

에게 알려야 하는지 아는 것이 매우 중요하다.

적극적으로 경청하기. 특정한 생존자 경험의 사소한 사항과 끊임없이 반복되는 이야기를 경청할 수 있을까? 되풀이해서 말하는 것이 복구과정에 도움이 될 수 없는 지점에 도달하는 것은 언제인가? 상처받지 않고 거부되었다는 느낌없이 어떻게 이런 상황을 통제할 수 있는가?

재난을 겪은 사람을 희생자가 아닌 생존자로 정의하기. 사람을 희생자가 아닌 생존자로서 고려하는가? 실천가는 그들의 강점을 찾고, 그들이 자신을 원조하는 지역자원을 활용하는 방법을 생각하도록 돕고 있는가? 실천가가 그 지역을 떠난 이후에도 자조와 지역사회 회복탄력성은 중요하다.

강점 기반 접근법 활용하기. 불확실성과, 고난의 중심부에서 사람들이 이미 가지고 있는 확실성을 고려하여 출발하는 강점 기반 관점에 집중할 수 있는가? 강점 기반에서 자신감을 정립하는 데 도움을 줄 수 있는가?

책무성. 누구에게 책임이 있는가? 원조활동이 잘못될 때 실천가는 누구에게 이야기를 하는가?

지역기관들과 주민과 함께 파트너십을 조성하여 활동하기. 지역에서 누구와 함께 일하는가? 지역사회에 영향을 미치는 재난에서 임파워링 실천은 지역기관들과 사람들 간의 파트너십에서 효과적인 활동으로 전환된다. 서로 잘 선택된다면, 이러한 파트너들과 그들의 접촉은 지역사회 참여를 촉진할 것이고, 원조활동에 적합한 신뢰를 강화하고, 문화와 언어적 이슈에 대한 외부 기관의 역량을 보다 빠르게 향상시킨다. 외부 파트너는 전문성의 수준을 높일 수 있으며, 지역공동체가 인식하지 못했을 수 있는 자원에도 접근할 수 있을 것이다. 지역과 외부 활동가의 상호작용에서 상호의존성의 유지는 역량있는 활동관계 형성을 촉진한다.

지역적으로 특유하고 문화적으로 적절하며 그리고 적합한 지역 대응 수립하기. 실천가는 활동하는 지역에서 지역민들의 종교와 언어를 포함하여 지역문화에 대한 이해에 뿌리를 내리고 있는가? 실천가는 지역자치단체의 구조와 이 구조 속에서 책임지고 있는 사람을 알고 있는가? 지역 인구가 성별, 나이, 인종, 종교, 계급 /카스트, 사회적 지위, 능력 그리고 지역에 적합한 여타 사회 구분(social divisions)에 따라 구별된다는 것을 기록해 두어야 한다. 이것은 실천가가 실행해야 하는 과업과 방법에 관해 함의를 제공할 것이다.

관련 쟁점 확인하기. 해결해야 할 수많은 쟁점이 있다. 여기에는 지역성, 지역의 주요 행위자, 지역사회를 구성하는 다양한 구성원들과 이들 간의 권력관계와 이용 가능한 자원들 간의 관계를 이해하는 것 등이 포함된다. 실천가는 이러한 것들을 알고 있는가? 실천가는 관련된 국가와 지역 활동가들과 접촉해 왔는가? 누가 포함되었으며 누가 제외되었는가? 그들의 포함과 배제는 나중에 중요해질 수 있으며 실천가가 할 수 있는 활동에 영향을 미칠 수 있다. 행동하기와 행동하지 않는 것 둘 다 결과에 영향을 미치며, 쉽게 예측되지 않는 부분들이 있을 수 있다.

안전 보장하기. 재난 생존자는 취약하고 안전하지 않으며 불확실하다고 느낄 것이다. 이 같은 감정을 경험하는 사람들을 다룰 수 있는가? 어떻게 하면 사람들이 안전하다고 느낄 수 있는 요인들을 생각하도록 권장할 수 있는가? 한 번에 한 단계씩 문제를 해결함으로써 안전하게 느끼도록 도와 줄 수 있는가? 캠프에 있거나 캠프로 들어가려는 사람들을 포함하여 여성과 아이들에게 안전은 핵심적인 문제이다. 왜냐하면 그들은 성희롱과 성폭력을 당할 수 있기 때문이다. 강간과 성적 동기로 인한 살인은 갈등관계에서 유리한 고지를 획득하기 위해 무기가 되는 상황도 존재한다. 이 같은 공격은 직접적으로 가담한 사람들뿐만 아니라 이후 발생하는 오명과 수치에 대처해야 하는 가해자의 가족과 공동체도 파괴하게 된다. 사회

복지사는 두 가지 요소, 즉 자신을 포함한 사람들의 신체적 안전과 개인, 가족과 지역사회의 상처, 수치심 그리고 이로 인한 체면 상실을 치유할 수 있어야 한다. 때로는 그 같은 공격이 만들어 내는 영향은 수년간 지속될 수 있다. 따라서 개인과 집단 수준에서 관심을 두어야 한다.

자원에 접근하기. 어떤 자원이 필요한가? 원조활동에 이용할 수 있는 어떤 자원이 있는지 아는가? 이 지역 밖에서 어떤 자원을 가져와야 하는가? 누가 자원을 확보할 수 있도록 도와주는가? 누가 그 자원을 받는가? 누가 그 자원을 분배하는가?

자신 돌보기. 활동하는 지역이나 가정에서 자신의 아픔을 '호소'(debrief)'할 수 있는 지원 네트워크를 가지고 있는가? 좋은 수퍼비전을 받을 수 있는가?

■ 인도주의 지원활동에서의 주요 개념: 취약성과 회복탄력성

대인관계 수준에서의 취약성은 개인들이 환경 안정성을 위협하는 사건에 효과적으로 대응하지 못하는 것을 뜻한다(Blaikie et al.,

1994). 이러한 정의는 다음 같은 이유에서 보수적 입장에 근거한 정의기도 하다.

- 사회적 균형과 생태학적 균형을 가정하고 있다.
- 원조를 받아야 할 사람들의 지배적인 조건으로 실패와 병리 현상을 가정한다.
- 개인들이 살고 있는 상황들을 고려하지 않고 개인의 대처전략(환경적응 능력으로서 정의)에 초점을 두고 있다.
- 환경에 도전하여 대응할 때, 구조적 장애의 중요성과 개인의 취약성에 미치는 구조적 장애의 영향, 그리고 회복탄력성을 개발하는 역량 등을 무시한다.
- 개인, 집단과 지역사회의 취약성을 해결하는 집합적 행동의 잠재성을 외면한다. 외부 자원-적절한 조건에서 적합한 자원-을 수용하고 이 자원을 받아야 할 적절한 사람에게 배달하는 것은 재난이 발생한 위기 상황에서 아주 중요하다.

회복탄력성은 취약성의 다른 면이다. 영국 내무부는 회복탄력성을 다음과 같이 정의하고 있다: '회복탄력성은 비상사태로 인한 위험을 감소시키는 역량으로, 사람들이 자유롭게 자신감을 가지고 자신의 일을 할 수 있게 해준다'.

이 정의는 사람들의 발전을 방해할 수 있는 구조적 장애를 인정하지 않은 채, 취약성과 위험에 회복탄력성을 연계시키고 재난을 겪은 사람들이 소유하고 있는 강점을 무시하고 있다. 재난 상황에서, 지속 가능한 장기간 재생이 일어나야 한다면, 지원을 전달하는 실천가들은 개인과 구조적 수준의 취약성 두 가지 모두를 염두에 두어야 한다.

회복탄력성 개념은 사회정책을 통해 지역사회 주도적 운동(initiatives)에 도입되었다. 특히 비상사태와 재난대응을 담당하는 사람들, 즉 전문가들에 의해 개발된 회복탄력성 모델은 재난에 영향을 받은 지역사회에 살고 있는 지역주민의 의견은 종종 고려하지 않는다. 이 같은 모델은 '전문가가 주도하는' 하향식 접근법으로, 지역의 정보지식과, 재난과 재난이 지역에 미치는 영향을 이해할 수 있는 중요한 요인들을 무시하고 있다. 즉 회복탄력성을 위한 전략 개발과 미래 발생할 수 있는 우발적인 재난의 준비 그리고 참여, 적응력과 실행 계획을 위한 기존의 메커니즘 등의 평가요인들을 외면했다는 것이다. 회복탄력성은 특정 상황에서 사람들의 행동을 부각시키는 데 사용될 수 있지만, 회복탄력성의 전통적 관점은 사람들이 소중한 통찰력, 지식과 기술 등으로 공헌할 수 있는 과정에서, 능동적인 참여자로 가정하기보다는 수동적 응답자로 취급하고 있다. 따라서 회복탄력성을 구축하려는 전통적인 접근 방식은 주체(전문가)와 객체(수동적 수급자)의 관계를 강화시켰다.

회복탄력성은, 변화하는 상황에 적응하거나 삶의 조건/지위를 개선하기 위한 행동을 취하면서, 환경, 사회적 위치 모두에 영향을 미치는 사람을 포함한 시스템의 역량으로 이해할 수 있다. 생존에 초점이 맞추어진 대부분의 사람들 역량과 더불어, 그러한 역량은 실패와 성공 사이의 범위에 있는 회복탄력성의 스펙트럼에서 찾을 수 있다. 더욱이 회복탄력성은 정적이지 않고 유동적이며 여러 차원에서 작동하며 시간이 지남에 따라 변화가 일어나서 역량이 손실될 수도 있고 향상될 수도 있다. 아래 그림은 회복탄력성이 가진 복합성의 일면을 보여주는 그림이다(Dominelli, 2012f).

그림 5 회복탄력성의 차원

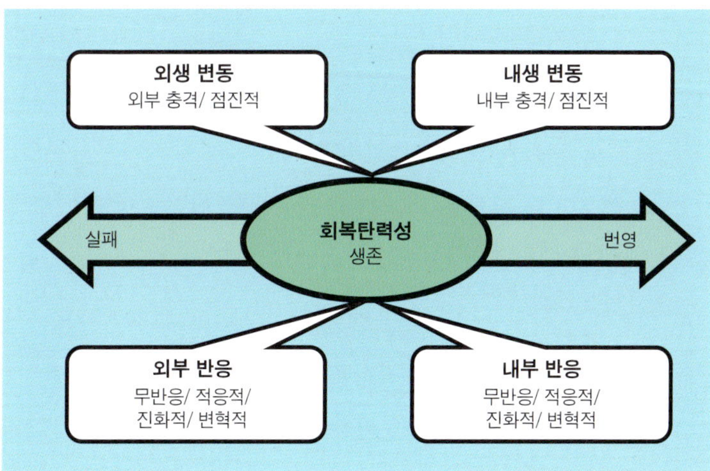

출처: Dominelli (2012). 'Social Work in Times of Disaster' in. M. Kearnes, F. Klauser, and S. Lane (Eds.), Critical Risk Research: Practices, Politics and Ethics. Wiley-Blackwell, pp. 197-218.

역량구축

역량구축은 위기를 최소화하고 빈곤 극복을 포함한 재해에 대처하는 데 도움이 될 수 있다. 따라서 회복탄력성 강화를 위해 역량구축은 전략적으로 중요한 요소이다. 역량구축은 사람들의 삶에 관한 결정을 내리고, 그들이 필요한 자원을 찾는 데, 그리고 현재의 지위를 개선하려고 행동하는 데 요구되는 필요한 지식과 기술을 사람들에게 제공하는 과정이다. 이 과정은 중요한 정책 결정자들의 로비활동 그리고 네트워킹과, 사람들의 요구를 충족시키기 위한 캠페인을 통해, 사람들을 개인과 구조의 변화과정에 참여시키는 것이다. 특히 이러한 과정은 자원을 보유한 정책결정자들이 적절하게 대응하지 못하는 경우 더욱 필요하다. 그러나 IIPP에서 밝힌 자료에 따르면 재난생존자들이 직접 행동으로 옮기기 어려울 수 있음을 지적했다. 특히 사람들이 정책과 제도에 도전할 수 있는 기존의 권력구조와 네트워크 내에 편입되어 있지 않다면 직접적으로 행동하기가 어렵다. 그래서 **'사람들은 과거부터 익숙했던 방식의 행동으로 돌아가길'** 원한다. 더욱이 특정 문화권에서 지역주민들은 다른 지역에서 선호될지도 모를 직접행동보다는 대화를 통해 직접적으로 접근하는 것을 선호한다. 다른 사람들은 그러한 대화 후에 자발적으로 지역사회 합류를 원할 수도 있다. 또한 역량과 회복탄력성 구축 전략은 개인수준 그리고/또는 집합적인 수준에서 실천될 수 있다.

역량구축은 다음과 같은 사항에 기여한다.

- 삶의 질 개선하기
- 아래 사항을 통해서 개인과 지역사회를 개발하기
  - 기술 훈련
  - 조직 및 시스템 개발
  - 의사결정의 참여와
  - 강력한 타자들과 함께 참여하기

스리랑카에서 지역적으로 정의한 회복탄력성

역량구축시도(initiatives)는 개인 혹은 집단의 사회적 지위에 따라 달리 경험할 수 있다.

회복탄력성의 역량구축은 논쟁과 논란의 대상이 될 수 있다. 회복탄력성 강화를 위한 목표달성으로 더욱 큰 성공을 거두기 위해, 책임감 있는 사람들이라면 다음 사항들이 도움이 된다.

- 지역주민을 소중히 하고, 문제를 파악하고 문제를 찾는 데 지역사람들을 참여시키기
- 의사 결정에 있어 참여를 강조함으로써 재난에 영향을 받은 사람들이 해결책의 '주인'이 되고 또 해결책을 찾기 위해 참여하게 되는, 평등주의적 가치관 가지기

- 지역사회를 동원하고 지역사회의 모든 구성원들이 참여토록 하는 기술을 보유하기
  그럼으로써 참여에 배제되었다는 느낌을 갖지 않도록 하는 기술이다.
- 지역사회 역동성과 활동가들, 그리고 역동성과 활동가들 간의 관계를 이해하기, 여기에는 활동가들의 행동을 통해 노출되는 권력관계의 이해도 포함된다.
- 평등주의적 동반자 관계를 형성하는 기술보유하기와 평등주의적 사회정의와 환경적 지속가능성을 촉진시키는 협력관계 구축하기

재난대응은 보통, 환경 변화에 적응하는 데 지역사회를 방해하거나 촉진할 수 있는 국가, 지역, 지방 등의 정책과 실천적 틀에서 진행된다. 다양한 요인들을 수용하는 지역사회의 역량은 다음과 같은 사항에 따라 작동한다.

- 누가 문제를 규정하고 누가 문제의 해결책을 제시하는가?
- 어떤 이슈가 제기되고, 이슈를 제기하는 사람은 누구이며, 누가 그 이슈를 어떻게 해결하는가? 특정 집단과 개인의 사회적 배제 그리고 상이한 집단들 간의 권력관계에서 나타나는 사회적 배제 등도 관련된다.
- 어떤 자원들은 지역에서 이용할 수 있고, 어떤 자원들은 지역

밖에서 가져와야 하는가?

견고한 회복탄력성과 적응력은 개인과 구조 모두를 강조하고, 개인과 구조에 존재하는 장애요인들을 해결한다. 이러한 문제에 대응하는 역량은 지역사회의 수준에서 집합행동과 정치적 의지 간의 시너지 효과를 필요로 한다. 이러한 다양한 요소를 모아 능력을 개발하는 것은 지역사회개발과 사회복지기술을 갖춘 실천가들이 촉진할 수 있는 과제이다. 실천가들이 활동하고 있고 지역사회가 놓인 맥락을 이해하는 일은, 자원을 보유한 활동가와 자원을 필요로 하는 활동가들 사이에서 성공적으로 협상하는 데 중요하다.

지역사회 참여하기

사람들과 함께 효과적으로 지역사회에 참여하는 일은 민감성, 기술, 지식 등을 요구하며, 특정 지역의 사람들은 그것들을 수용해야 한다. 재난생존자들이 자신의 삶에 영향을 미치는 재난에 관한 지역사회 소통에 참여하게 하고 그들의 의견을 수용하는 것은, 지역 원조수용자들이 요구하는 임파워먼트 접근방식의 핵심이다.

지역사회 용어는 다음과 같은 전형적인 접근 방식과 관련하여 논쟁적이다.

- 정치인들은, 지역사회에 도움을 줄 수 있는 이웃으로 정의하고, 또한 정체성, 언어와 문화에서 동질성 혹은 동일성을 강조하는 이상주의적 실체로 제시하는 경향이 있다.
- 학자는 지역사회를 다음과 같은 요소를 기반으로 형성된 실체들로 가시화하는 경향이 있다.
  - 이해관계
  - 지리적 혹은 공간적 위치
  - 정체성

그러나 일상생활에서 사람들은 여러 지역사회에 속하고 있으며, 사람들이 지리적 위치나 공간과 결부하여 대부분 확실하게 자신의 정체성을 밝힐 때조차 지역사회들 간의 경계는 유동적이다. 특히 그 정체성이 전통적으로 지역사회들과 관련되어 있거나 자신의 소속감에서 나온다면 더욱 그렇다. IIPP지역의 사람들은 다음과 같이 주장했다. 그들의 원지역에서 주택을 제공받지 못했던 사람들은, 특히 지역 밖에서 그들의 자녀가 태어나고, 시간이 지나가게 되면, 그들의 뿌리를 상실할 것이라고 주장했다. 일부 IIPP 응답자들은 2004년 쓰나미가 발생한 이후 연구기간에 주택이 제공되지 않았다고 주장을 했다.

임파워먼트 혹은 독자적인 행동을 취할 수 있는 지역사회의 역량구축은 지역사회에 성공적으로 참여하는 데 핵심적인 요소이다(Dominelli, 2012d). 이것을 달성하기 위해 많은 노력과 창의적인 사고가 필요하다. 지역사회 임파워먼트는 기존의 사회 자본을 활용하거나 아래와 같은 요인들을 기반으로 사회자본의 개발을 전개함으로써 활발해진다.

- 신뢰와 공감
- 호혜성과 상호의존성
- 책임성
- 연대성
- 집합 행동
- 권력 공유
- 자원 발굴과 공유
- 개인적 관심사를 구조적 관심사항에 연결하기(반대의 경우도)

인도주의적 지원 영역에서 활동하는 실천가를 돕는 팁 – 비록 그들이 지역사회사회복지사 또는 사회복지사라도 다음과 같은 사항이 중요하다:

- 총체적으로 활동하기
- 실천가들에게 수행하기를 기대하는 과업 알기
- 협력기관의 반응을 드러내기
- 실천가들을 고용한 기관은 어떻게 조직되었는가, 직원들은

누구인가, 그 직원들은 무엇을 하는지, 그리고 그 직원들과 실천가와 실천가 활동 사이의 관계 특징이 무엇인지 학습하기

- 사회복지실천가들이 정기적으로 무엇을 하고 있는지, 얼마나 잘하고 있는지, 그리고 여타 다른 어떤 활동들이 필요한지 규칙적으로 점검하기. 이러한 점검활동에 서비스이용자와 지역주민들을 참여시키기
- 듣고, 분명하고 차분하게 말하는 시간을 가지기
- 발생하는 문제를 해결하기
- 원조 또는 분배되는 자원에서 누가 이익을 얻고 있는가를 계속하여 질문하기
- 사회복지실천가들이 도움이 필요할 때 도움을 요청하기
- 소진하지 않도록 자신을 보살피기

지역 공동체와의 관계에서 인도주의지원 실천가들은 아래 사항도 수행해야 한다.

- 지역사회와 개인의 강점을 인정하고 구축하기
- 사람들에게 중요한 것들, 즉 지역의 의식절차를 드러내는 축제와 기념행사를 할 수 있는 공간 제공하기. 이러한 행사는 슬픔과 상실을 극복하는 데 중요하다.

지역사회 참여를 위한 지침

지역사회 참여에는 자신과 타자에게 해가 되지 않는다는 원칙 이외에 어떠한 제한도 두어서는 안 된다는 내용이 지역사회에서 규정되어 제시됨으로써 그대로 유지되었다. 그들이 함께 탐구하여야 할 다음과 같은 사항들이 제시되어 있다.

- 특정 재난에 대한 기존의 과학적 지식을 고찰하기
- 1차와 2차 위험요소(2차 위험요소 피하기는 자주 일상적인 기능 활동에 더욱 중요하다.) 주변지역의 위험과 위험요소를 최소화하기 위한 예방전략과 메커니즘 탐색하기
- 참여방법을 통해 지역주민을 참여시키기
- 비상상태에 대비한 계획과 대응을 위한 지역사회 주인의식(community ownership) 촉진하기
- 재난에 대한 지역사회 대응과정에서 학습한 교훈을 지역과 전 해외에 공유하기
- 지역, 국가와 국제 분야의 다양한 활동가들과 협력하기
- 지역 공동체에 인도주의적 지원 전달에 대한 영향 조사하기 이 조사는 원조를 제공하는 재난캠프에 온 난민의 활동도 포함된다.
- 지역 주민이 파악한 문제에 공동으로 해결하기

지역에 먼저 참여했던 지역기관들과의 연계활동은, 지역욕구를 충족시키고 지역사람들에게 정당성을 가진 원조를 제공하기 위해 대단히 중요하다. 지역(또는 내부) 조직들과 외부(또는 해외) 조직들 간의 연대를 정립하는 활동은 결코 쉽지 않기 때문에 신중하고 민감하게 대처할 필요가 있다. 다음 질문 사항은 실천가들이 재난구호의 적절한 형태를 찾는 과정에서 도움을 줄 수가 있다.

- 지역기관/기관들은 해당 지역에서 어떤 업무를 수행하는가?
- 각 기관들은 무엇을 하는가?
- 각 기관들은 공식적으로 어떻게 구조화되어 있는가?
- 각 기관들의 지도자는 누구인가? 어떻게 만날 수 있나? 사회복지실천가는 그들과 함께 어떤 일을 할 수 있는가?
- 각 기관들은 어떤 자원을 소유하고 있는가?
- 각 기관들은 어떤 활동/서비스들을 제공하는가?
- 각 기관들은 지역사회에서 어떤 평판을 갖고 있는가? 지역주민들은 그 기관들과 함께 활동하기를 원하는가?
- 각 기관들이 가지는 합법성의 원천은 무엇인가?
- 각 기관들의 미래 계획은 무엇인가?

함께 활동하는 것이 적절하다고 생각하는 기관들을 확인하는 일 이외에도, 실천가들이 조직화를 시도한다면 그 조직에 참여시킬 수 있는 기관들이 얼마나 있는가를 사정해야 한다. 특히 지역사회의 행복한 삶(well-being)을 증대하기 위한 목표를 설정하거나 재난 사후 재건을 위한 장기적 목표를 지역에서 실천하고자 사정작업은 필요하다. 이러한 고려 사항과 함께 지역사회에 참여한 조직을 전반적으로 평가하고, 그 조직의 개입의 동기가 무엇인지, 지역사회에서 그 조직의 출현이나 개입에 관해 지역주민들이 어떻게 수용하고 느끼는지에 관한 느낌들도 평가의 대상이다.

■ 지역사회 프로필 개발을 위한 안내

지역사회 윤곽을 파악하는 데 필요한 정보를 수집하기 위한 조사가 필요하다. 정보는 참여지도작성(participative mapping)과 같은 민속학적 방법을 포함한 참여방법을 통해서 지역주민들로부터 공식, 비공식으로 수집할 수 있다. 참여지도작성은 전문가들이 주도한 자료와 지역자료를 조합하여 정보를 생산하고 작성하는 데 지역주민들이 참여하는 과정을 뜻한다.

수집정보는 공식적으로는 예를 들어 설문 조사가 있고, 비공식적으로는 예컨대 인상에 의한 직감이 있다. 이러한 정보는 수집, 저장, 보급되어야 하고 행동계획으로 사용되어야 한다. 정보는 정기적으로 업데이트를 해야 하고 사용자에게 친숙해야 한다. 정보는 지식능력 수준과 새로운 정보 기술과 의사소통을 위한 여타 미디어를 사용하는 기술에 따라 다양한 청중에게 다양한 결과가 나올 수 있다는 의미를 가진다.

정보수집

정보는 다양한 방법으로 수집할 수 있으며 그 방법은 다음과 같다.

인상적 탐구

인상적 탐구는, 만약 지역사회의 일반적인 인상을 빠르고 쉽게 얻기를 원할 때, 지역사회에 개입하고 있는 실천가들에게 가장 유용하다. 이 방법은 정보수집 비용이 가장 저렴하고 지역사람들, 특히 일상적인 관행을 통해서 타인과 연계하고 네트워크하는 여성들의 능력을 끌어낼 수 있다. 이 방법은 민속학적 경향을 띠며 대체로 비공식적인 방법을 적용한다. 이 방식은 지역사회 주민, 집단 혹은 주민들이 상호작용하는 조직들과 말걸기, 듣기와 관찰하는 실무자의 역량 등에 달려 있다. 이때, 지역사회에 참여하려는 사람들은, 지역주민들과 신뢰관계를 정립하고, 서로 알려고 노력하면서 지역사회를 '조사(sussing out)'하고 있다. 동시에 지역사회는 사람들에게 정보를 제공한다. 지역사회와 지역주민 간의 상호작용이 효과적이라면 이것이 인도주의적 지원실천가의 행동 방식이 되며 관계의 기반이 된다. 관계구축은 회복탄력성 구축을 목표로 하는 개입의 핵심적 요소이다. 인상적 탐구의 단점은 다음과 같다.

- 실천가가 해당 지역 출신이 아닌 즉, '외부인'이라면, 실천가는 사람들이 '외부인'에게 공개할 수 있는 정보에만 의존하게 된다.
- 실천가가 재난지역에 살고 있는 '내부인'이라면, 실천가는 모두를 알고 있고 지역사회에 관해서 알고 있을 것이라 추측할 것이다. 그러므로 이런 환경에서 유용한 기술을 사용하여 용의주도하게 요청해야 하는 정보를 놓칠 수 있다.
- 실천가의 관찰 기술과 역량은 조사 수집에서 무엇보다 중요하다. 정보를 수집하고 수집된 자료에서 미세한 중요사항들을 무시함으로써 생기는 편견을 피하기 위해 실천가의 조사 역량을 증대시켜야 한다.

공식적 정보 자원

공식적 정보자원은 인상적으로 획득한 가설을 검토하고 면밀히 살펴보아야 할 자료를 획득하는 데 매우 중요하다. 지역사회에 관한 정확한 최신 정보의 소유는 개인과 지역사회의 기존 강점을 향상시키고, 개인과 지역사회의 행복한 삶(well-being)을 증진시키는 회복탄력성 개발의 목표와 이를 실천하기 위한 행동계획 수립에 필수적인 요소이다. 일부 공식적인 자원은 이들을 효과적으로 활용하기 위해 기술적 지식이나 연구 기술을 요구할지도 모른다. 예컨대 인구센서스와 같이 다른 목적을 위해 수집된 공식 데이터베이스를 이해하고 사용하는 경우이며, 1차 자료를 수집하고, 특정한 질문에 답하는 데 어떤 연구방법이 가장 적합한 것인지 아는 것이다. 정보를 수집하고 처리하기 위해 비형식적인 방법으로 지역사회에 참여하고자 한다면, 연구 질문의 설계, 자료 수집과 분석, 자료 보급 등으로 참여하는 것이 유용하다. 그러한 활동에 지역주민이 참여하는 것은 지식 과정 공동생산의 일부이며, 실천가들에게 연구방법을 알도록 요구하거나 알고 있는 연구조사자들에게 참여하기를 요구함으로써, 관심 있는 주민들이 연구자료수집과 사용에 의미있게 참여할 수 있는 관련기술을 배울 수 있다.

지역 자원

- 아카이브를 포함한 도서관
- 주요 정보원
- 신앙 기반 조직과 시민사회조직을 포함한 지역 단체와 지역 조직
- 지역 신문

국가 자원

- 인구통계 자료를 포함한 국가 통계 기관 및 정부 보고서
- 회사 보고서
- 도시 계획

기타

- 인터넷
- 회사 웹사이트
- 지역사회 웹사이트

수집된 정보는 재난 상황에서 발생하는 개입의 순환과정을 통해서 항상 사용할 수 있다.

■ 지역사회 프로필 작성

지역사회 프로필은 지역사회의 종합적(comprehensive) 그림을 작성하여 그곳에 살고 있는 모든 사람의 행복 향상을 위해 필요한 행동의 기준선을 제공한다. 이 같은 자료는 또한 지역사회의 구조, 강점과 약점을 만들어 낸 지역사회에서의 그러한 활동들을 보여준다. 일단 자료가 수집되고 나면, 그와 연결된 지역사회 프로필은, 예컨대 지도, 프로젝트 웹사이트 같은 종이 또는 시청각 형태로 나타나는 작업이다(Dominelli, 2006). 상세한 지역사회 프로필이 완료되면 지역사회 참여를 촉진할 수 있다. 지역사회 프로필의 목표는 다음과 같다.

- 지역사회의 욕구, 물자, 행위자(조직과 제도적 구조를 포함해서)를 확인하기

- '절망에서 희망으로' 전환하여 사람들의 능력을 개발하기
- 지역사회의 역량과 사회적 네트워크를 파악하고 사정하기

자료 수집 준비

자료 수집에서는 성찰, 행동, 성찰의 순환과정(Reflection, Action, Reflection :RAR Cycle)을 수용하여 끊임없이 의문을 제기하는 것이 도움이 된다. 성찰순환과정은 다음 그림으로 표시할 수 있다. 몇 가지 중요한 점들은 다음과 같다.

- 특히 대재앙 이후 재난 생존자들의 세계가 역동적이고 지속적으로 변화하고 있을 때, 하나의 전환이 또 다른 전환으로 유도되고 있는가?
- 전환은 특히 취약한 집단 또는 개인들에게 항상 완성되지 못하는 것(unfinished business)인가?

*성찰의 순환과정(RAR주기)*은 지역사회에서 활동하는 실천가와, 실질적인 방식으로 지역사회의 미래를 결정하기 위해 사람들을 참여시키기 원하는 실천가들에게 유용하다. 지역사회 프로필이 어떤 방식으로 정의되든, 상세하고 잘 정리된 그리고 정보에 근거한 프로필은 성찰의 순환과정을 수행하기 위해 매우 중요한 요소이다.

그림 6 재난 상황에서 성찰, 행동, 성찰의 순환과정

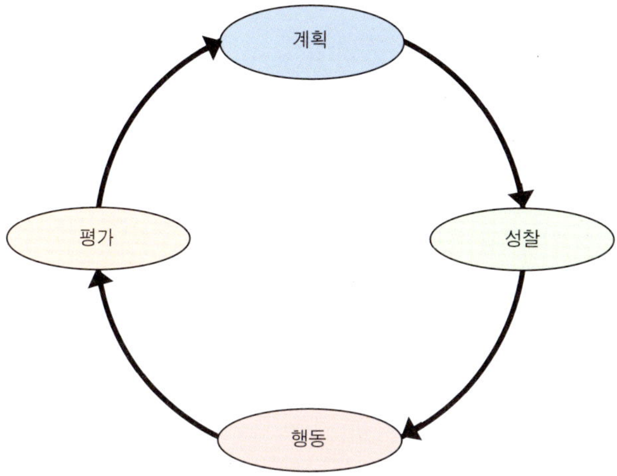

종합적인 지역사회 프로필은 다음과 같은 주요 영역을 중심으로 이루어진다.

- 지역성(locality), 지역민, 권력 구조와 자원 등의 묘사
- 함께 활동할 거주민과 다른 지역사회의 활동가의 목적과 목표
- 지역사회에서 활동을 하는 조직들
  - 각 조직에 누가 참여하고 그 조직들은 어떤 활동을 추구하는가?
  - 각 조직의 강점과 한계는 무엇인가(사전, 사후 분석)?
- 지역사회 활동을 지원하기 위해 여타 다른 방법으로 할 수 있는 것이 무엇인가?

– 지역, 국내, 국제적인 수준에서 할 수 있는 일은?

- 재난 상황을 분석하고 지역사회의 **'신속한 묘사'**(snapshot)**를** 구축하는 데 어떤 이론이 유용한가? 신속한 묘사를 했을 때 **지역사회에서 복합적 관계**를 무시하지 않았다고 어떻게 확신할 수 있는가?
- 향후 어떤 행동을 제안할 수 있는가?
- 일회성 행사가 아닌 지속적인 과정으로서 평가

지역사회 프로필을 작성하는 데 도움이 되는 질문은 다음과 같다.

- 문제의 특정 지역사회는 물리적으로 어디에 위치하고 있는가?
- 이 지역에 관해서 어떤 일반적인 설명을 할 수 있는가? (지역의 느낌, 일반적인 외형과 환경).
- 어떤 집단/어떤 범주의 사람들이 거기에 살고 있고, 각 집단과 범주에는 몇 명이 있는가?
- 주요 활동가들(연구소, 기관, 사람들)은 누구인가?
- 이 지역사회에서 공식과 비공식 네트워크는 어떤 기능을 하는가?
- 어떤 산업, 기업, 공장, 사무실, 작업장이 있고 이것들은 어디에 위치해 있는가?
- 어떤 쇼핑시설이 있으며 그 시설은 어디에 위치하고 있는가?
- 어떤 레크리에이션과 레저시설이 있으며 이것은 어디에 위치

하고 있는가?

- 토지는 어떻게 사용되고 있는가?(휴양지 포함)
- 주요 도로와 자연적 장애물들이 그 지역을 분할하고 있는가?
- 공공시설은 어디에 있으며 그 시설은 어떤 상태에 있는가?
- 지역사회는 조기경보 시스템과 긴급 피난소가 있는가? 이것들은 어디에 위치해 있는가?

  재난 생존자들은 대피소에 쉽게 접근할 수 있는가?
- 어떤 경제적인 그리고 여타 다른 자원들을 이용할 수 있는가?
- 지역주민이 인식하는 1차 위험과 2차 위험 요인들은 무엇인가? 이러한 위험 요인들에 대처하기 위해 얼마나 잘 준비하고 있는가(회복탄력성 역량)? 위험 요인들에 대처하기 위해 누가 돕고 있는가? 응급 상황이 발생했을 때 그들은 어떤 기대를 하는가? 위급 상황이 발생했다면 지역사회와 주민 자신들 개별적으로 얼마나 스스로 잘 대처할 수 있다고 생각하는가? 얼마 동안 자신들의 힘으로 대처할 수 있는가? 그들은 무엇을 할 것인가? 그 외 그들이 필요로 하는 것은 무엇인가?
- 지역주민들이 원조를 요구할 수 있는 지역 밖의 사람들과 조직들의 연계를 사전에 맺고 있는가? 맺고 있다면 그들은 어떤 사람들이고 어디에 위치하고 있는가? 재난동안 그들과 언제, 어떤 시점에서 쉽게 연락할 수 있는가? 그들은 잠재적 지원의 자원들과 어떤 방식으로 접촉하는가? 전기와 통신 시스

템이 끊어진다고 할지라도 그들은 관계맺은 사람들과 조직들로부터 도움을 요청할 수 있는가?

- 재난 생존자들은 사전에 어떤 협력관계와 네트워크를 가지고 있는가? 어떤 방법으로 협력관계와 네트워크를 강화하고 있는가? 이러한 것들이 없다면, 협력관계와 네트워크를 형성하기 위해 어떤 아이디어를 갖고 있고 이 목표를 달성하기 위해 누가 도움을 줄 수 있는가?

따라서 *지역사회 프로필*은 개인과 지역사회의 안녕과 최상상태를 강화시키는 행동을 위해 기본자료를 제공하는 지역사회의 전체적인 그림으로 이루어진다.

- 지역사회에 참여하고 지역사회의 범위에 있는 핵심적 관계
- 지역사회 욕구사정하기인데, 이는 모든 집단을 포함한다. 총괄적으로 특별한 행동계획을 가진 지역사회가 그 계획을 수행하고, 그 계획으로부터 이익을 볼 것이라는 확신을 위한 사정과정이다.
- 확인된 욕구를 위해 공식, 비공식적으로 이용가능하거나 누락된 지역사회에서의 조직적, 물질적, 인적 그리고 여타 자원들
- 잠재적 협력관계
- 어린이, 여성과 남성의 행복 그리고 자연환경을 향상시키는 행동에 사용할 자료

지역사회에 관한 정보 수집은 또한 다른 목적에도 도움을 줄 수 있는데, 즉 지역사회활동가 혹은 지역사회에 참여를 생각하는 외부 전문가들을 위해 중요하다. 여기에는 다음과 같은 내용들이 포함된다.

- 지역사회에서 받아들여져 지역사회 내에서 조직가로서 활동할 수 있기. 이는 신뢰관계를 발전시키고 조직 활동가로서의 지위를 획득하는 데 중요하다. 그러나 이런 지위를 획득하기는 쉽지 않다.
- 지역사회의 이해와, 지역사회가 민족국가와 국제사회에서 그 위치를 어떻게 인식하는지 이해하기
- 지원을 요구할 때 지역사회를 조직하고 자원 동원에 참여하기
- 신뢰할 수 있는 지역사회 활동가들과 함께 지역사회에서 행동하기

요약하면 지역사회 프로필은 다음과 같이 활용될 수 있다.

- 자원 기반을 포함하여 지역사회에 관한 정보 제공하기
- 지역사회를 변화시키기려는 사람들을 조직하여 그들의 요구를 더 잘 충족하게 만들기
- 평등주의적인 방향으로 권력과 자원을 재분배하기
- 행동 계획을 세우기

- 동맹관계를 확인하고 찾아내기
- 사람들의 집단적 상황을 변화시키기

동맹관계 찾기

동맹관계 형성은 안전과 기타 이유로 지역주민이 수행할 수 없는 행동을 지원 그리고/또는 촉진하고 확보하는 데 중요한 기능을 수행할 수 있다. 마을 내부에서 혹은 인근 도시, 지역과 국제 시민사회조직인 NGO들, 예컨대 적십자사, 옥스팜, 세이브칠드런(Save the Children) 등의 국제기구들과 동맹을 맺을 수 있다. 사회복지사의 경우 IASSW(국제사회복지대학협의회), IFSW(국제사회복지연맹)와 ICSW(국제사회복지협의회)는 최근에 만들어진 재난 중재위원회를 통해, 이제는 동맹형성이 글로벌 아젠다의 일부가 되었다. 예를 들면, 국제사회복지학협회(IASSW)(Dominelli, 2013)가 주도하여 재난 이후 RIPL(Reconstructing Peoples 's Lives after Disasters)이 제안했던 것처럼, 재난에 영향을 받은 지역과 받지 않는 지역 간의 파트너십을 구축하는 활동에 가치를 두고 있다. 민감한 정보를 획득하는 데 안전이 중요한 상황에서, 외부 조직은 환경과 취약한 주민들에 손해를 입히고, 지역주민의 민원에 반하는 토지 구매에 연루되어 지역사회의 시설들을 파괴하거나 지역주민의 건강을 훼손하여 이득을 추구하고, 생활 수준에서 가족이 생활하는 데 충분하지 않은 임금에 점점 종속되도록 강요하는 다국적 기업의 이름을 쉽게 찾을 수 있다. 행동계획을 세우는 작업은 그 과제에 적합한 연구 조사와 이론을 활용함으로써 촉진될 수 있다. 지역사회 참여에 적합한 이론들은 다음과 같다. 집단 사회사업(group work), 지역사회 개발, 심리이론, 인간발달, 임파워먼트 이론, 권력관계 이론, 세계화 이론, 환경이론, 사회구조주의, 대안적 장기 참여이론, 구조적 사회개발이론 등이다.

■ 자료 수집과정의 체계화

수집되어야 하는 자료는 개입을 위한 정보를 제공하고, 회복탄력성을 개발하며, 지역사회를 강화하는 근거기반결정을 위해 지역사회와 인도주의적 지원 실천가를 돕는 데 활용된다. 재난기간 동안의 개입은 상황적이며 특정한 위험과 충격에 대응하는 성찰과 순환과정에 따르는 경향이 있다. 이 과정은 다음 그림으로 나타낼 수 있다.

그림 7 재난 기간 개입 순환과정

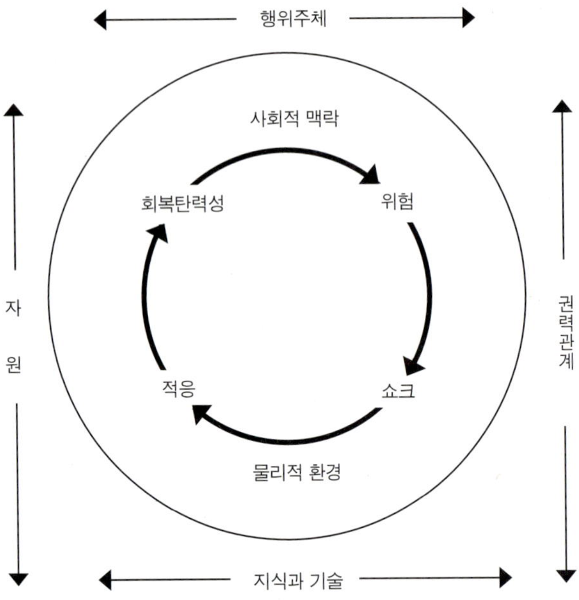

출처: Dominelli, L. (2013) 'Environmental Justice at the Heart of Social Work Practice: Greening the Profession' in the International Journal of Social Welfare.

지역사회의 재난 관련 자료를 수집할 때 제기되어야 하는 질문은 다음과 같다.

지역의 물리적 환경적 서술

- 지역사회는 물리적으로 어디에 위치해 있는가?
- 지역사회에 얼마나 많은 사람들이 살고 있는가?

- 지역사회에 어떤 일반적인 서술을 할 수 있는가? (지역의 '느낌', 빈촌과 빈민가를 포함한 외관과 환경)
- 어떤 산업, 기업, 공장, 사무실, 직장이 지역사회에 있는가, 그리고 이것들은 어디에 위치하고 있는가?
- 어떤 쇼핑 시설이 있으며 어디에 위치하고 있는가?
- 어떤 레크리에이션 시설이나 레저 시설이 있으며 이것들은 어디에 위치하고 있는가?
- 토지는 어떻게 사용되고 있는가? (휴양지 포함)
- 주요 도로와 자연 장벽 예컨대, 강, 주요 도로 등이 그 지역을 구분하는가?
- 해당 지역에 빈 건물들이 있는가?
  - 빈 건물은 어디에 위치해 있는가?
  - 빈 건물은 누가 그걸 소유하고 있나?
  - 텅 빈 건물에 사람들이 살고 있는가?
    있다면 누구인가?
    얼마나 많은 사람들이 빈건물에 있는가?
- 어떤 종류의 주택이 있는가?
  - 소유권에 따라
    사회 주택 세입자
    주택 조합
    개인 세입자

소유자 점유자

노숙자

- 사회적 구분에 따른 주택의 분배 기준은 무엇인가?

  계급

  ‘인종’

  민족

  성별

  나이

  장애

  성적 취향 (적합하다면)

- 어떤 유형의 주택들이 있는가?

  정원이 있는 집

    단독주택

    반 분리주택

    연립식주택

    타운 하우스

    임대주택(Maisonettes)

    오두막집

  정원이 없는 집

    단독주택

    반 분리주택

연립주택

임대주택

오두막집

저층 아파트

고층 건물

공동생활 시설

보호주택

임시주택

빈민가 혹은 사각 지대의 마을

없음

- 각 유형의 주택은 어디에 있는가?
- 다양한 종류의 주택에는 어떤 편의시설이 있는가? 그 외에 누가 이 편의시설을 이용하는가?
- 이 주택들에는 인구 과잉이 있는가? 그렇다면, 그 주택들은 어떤 주택이며 어디에 있는가?
- 그 지역에 어떤 지역사회 집회장, 교회, 모스크, 사원, 사회 클럽과 기타 사회 건물들이 있는가?
- 그 지역에 어떤 공공 서비스 기관들이 있으며, 어디에 위치하고 있는가?
  - 관공서
  - 의료 서비스

- 교육 시설
- 개인 사회 서비스
- 주택
- 경찰

- 비상사태 동안 피난할 피난처가 있는가? 피난처는 어디에 위치해 있는가? 피난처는 얼마나 쉽게 접근할 수 있는가? 피난처에 가야 한다면 무엇을 가지고 갈 수 있는가? 누가 피난처에 갈 수 있도록 도와줄 것인가? 누가 피난소를 운영하는가? 피난처에 머물기 위해서 사전에 어떻게 준비할 것인가?
- 지역사회는 어떤 운송 네트워크(해상, 육상, 철도, 항공)가 있는가?
  - 운송 서비스의 빈도는 어느 정도인가?
  - 운송 서비스 비용은 얼마인가?
  - 운송 서비스의 품질은 어떤가?
  - 운송 서비스는 누가 이용하는가?
- 그 지역에 어떤 공익 설비, 전원 공급 장치와 통신망이 있는가?
  - 통신시설들은 어디에 위치해 있는가?
  - 누가 통신시설을 소유하고 있나?
- 지방 당국은 그 지역에 대해 어떤 (현재와 미래) 계획을 가지고 있는가?

– 구역화 변경

– 새로운 개발, 특히 주택, 공황과 텔레커뮤니케이션을 포함한 도로와 기타 인프라시설과 상업지구를 포함한 유통 벤처사업

해당 지역의 인구 통계학적 서술

- 인구의 성별 분포는 어떠하며 각각의 성별은 사회, 정치, 경제와 지역사회의 영역에서 어떤 역할을 하는가?
- 인종적 분포는 어떠하며 각 인종 집단은 사회, 정치, 경제와 지역사회 영역에서 어떤 역할을 하는가?
- 인구연령 분포는 어떠한가?
- 거주자의 소득분포는? (상속, 소득지원, 연금, 실업수당, 장애수당, 임금 포함하여)
- 주민들은 어떤 직종을 원하는가?
- 얼마나 많은 다가구 가정/ 편부모 가정이 있는가?
- 거주자들은 어떤 종교적 관행/신앙이 관찰되는가?
- 신앙 기반 종교시설은 어디에 위치해 있는가?
- 통근 거리(지역 작업 또는 통근)는 어떤가?
- 사람들은 여가 시간을 어떻게 사용하는가? 그들이 가진 취미는 무엇인가? 사람들은 어떤 시설에 접근할 수 있는가?

• 개인과 가족들은 어떤 사회적 네트워크(가족, 이웃 그리고 국내외에서 지역적으로 네트워크속에 연결되어 있는 그 이외 기타를 포함해서)를 가지고 있는가?

경제적 서술

• 이 지역의 고용주들은 누구인가?
  - 그들은 어디에서 살고 있는가?
  - 회사의 본사는 어디에 위치해 있는가?
  - 그들은 어떤 생활 방식을 보여주고 있는가?
• 얼마나 많은 사람들이 자영업이며, 그리고/또는 다른 사람들에 의해 고용되어 있는가?
  - 자영업인 경우 자영업자는 어떤 유형의 사업체(예: 농업, 수공예품, 소매 및 요식업)에 종사하고 있는가?

- 그들이 다른 사람들을 고용한다면, 각 고용주는 얼마나 많은 사람들을 고용하고 있는가?
  - 피고용자들은 신앙 조직, 노동조합, 회사 결사체 등으로 조직되어 있는가 아니면 조직되어 있지 않은가?
  - 기존 조직에 대한 고용주의 태도는 어떠한가?
- 고용주가 이익을 창출하고 있는가?
- 이 지역에서 기업을 경영하는 고용주는 어떤 계획을 가지고 있는가?
  - 고용주들은 그 지역에 어떤 매력을 첫째로 가지고 있는가? (예: 조상의 땅, 보조금, 가용 노동, 저렴한 토지, 값싼 주택, 비보호 주택 및 규제 완화 노동, 정부 보조금 등)
- 지역 경제발전을 위해 공공부문 혹은 국가, 상업, 자영업, 자발적 부문 및 가정 등의 부문에서 어떤 미래계획을 가지고 있는가?
- 지역으로 새로운 고용주들이 진입하고 있는가?
  - 어떤 고용주인가?
  - 어디에?
  - 지역기업이 제공하는 일자리 수와 지역주민이 차지하는 일자리 수는 얼마나 되나?
  - 지역기업 고용주들은 어디 출신인가? (그들은 종종 다른 궁핍한 지역을 떠나 당국의 보조금과 특히 비조직화된 값싼 노

동력을 포함, 더욱 높은 수익을 창출하는 인센티브 지역으로 이동한다).

- 지역 대표와 중앙정부가 고용전망을 포함해서 지역사회 미래 행복을 증진하는 데 더 많은 실천적 개입을 할 수 있는가?
  - 어떤 지점에서?
  - 무슨 목적으로?
  - 어떤 방식으로?
  - 이 같은 활동에 누가 참여할 것인가? 누가 그 활동에 참여하고/ 배제되는가? 그리고 그 이유는?

정치적 서술

- 어떤 정당/조직들이 지역사회에 참여하고 있는가?
  - 누가 이러한 조직들의 구성원이며, 얼마나 많은 구성원들이 있는가?
  - 이 지역사회에 참여하는 각각의 정당들은 마을/도시/국가 등 다른 지역들에서의 참여와 어떻게 비교되는가?
  - 그 정당들은 지역사회를 위해 무엇을, 언제, 왜 하였는가(하지 않았는가)?
  - 지역사회를 위해 그 외 다른 무엇을 해야 하는가? 누가 그것을 해야 하며, 왜 해야 하는가?

- 정치적 정당과 조직은 어떤 자원들을 소유하고 있는가?
- 이 같은 조직과 주민들 간의 관계는 어떠한가?(조직의 권력 기반과 지지자의 수를 포함하여)
  - 그 조직들은 군대, 경찰 또는 다른 국가 기관과 연계되어 있는가?
  - 실천가들의 집단활동을 위해 그 조직으로부터 어떻게 지원받는가?
- 어떤 NGO, 시민 사회 단체, 신앙 단체, 사업 단체와 노동조합들이 이 지역에서 활동하고 이들 조직이 지역사회에서 어떻게 개입하고, 참여하는가?
  - 그 조직들이 전적으로 가지고 있는 자원은 무엇인가?
  - 그 조직들이 지역사회에 유용한가?
  - 실천가들의 집단활동을 위해 그 조직들의 지원을 어떻게 확보할 수 있는가?
- 어떤 지역사회 집단과 조직들이 있는가?
  - 얼마나 많은 사람들이 각 조직들에 참여하고 있는가?
  - 각 조직에는 어떤 정책들이 있는가?
  - 그 조직들은 어떤 캠페인 활동을 하였는가?
  - 누가 그 조직들을 이끌고 있고 그들의 활동을 조직하고 있는가?
  - 그 조직들은 어떤 자원을 보유하고 있는가? 자원은 충분

한가? 그들은 더 많은 자원을 얻을 수 있는가? 어디에서?

- 실천가들의 집단활동을 위해 그들의 지원을 어떻게 확보할 수 있는가?

- 어떤 조직, 캠페인, 네트워크가 특히 여성과 가족을 지원하는 데 관심이 있는지 확인할 수 있는가?
  - 그 조직들은 어떤 자원을 이용할 수 있는가?
  - 여성을 위한 특정 서비스가 있는가?
  - 실천가들의 집단활동을 위하여 그들의 지원을 어떻게 확보할 수 있는가?

비공식 자원

- 조언/ 여론형성을 위해 어떤 사람을 방문해야 하는가?
- 그 사람들의 권력 기반과 권력 정도(공식적 또는 비공식적)가 얼마나 되는가?
- 그 사람들이 강하게 갖고 있는 견해는 무엇인가?
- 동네에서의 '험담(gossip)' 대상은 누구이며 그 이유는?
- 동네에서 희생양은 누구이며 그 이유는?
- 교회, 사원, 사찰, 자선 단체와 같은 자발적 기관이 있는가?
- 노인, 편부모, 장애인과 실직자를 위한 집단 등과 같은 특수 집단이 있는가?

- 누가 그 집단을 운영하는가?
- 그 집단들은 어떤 자원을 가지고 있는가?
- 그 집단들은 어떤 활동을 지지하는가?
- 그 집단들의 지지자는 누구인가?
- 그 집단들은 어떤 견해 또는 여론을 지지하는가?
- 신입 회원들이 그 집단들에 얼마나 쉽게 가입할 수 있는가?
- 실천가들의 집단활동을 위해 그 집단들의 지원을 확보할 수 있는가?

• 예를 들면 노인, 병자, 어린이 등의 어떤 비공식적인 원조 네트워크가 존재하는가?
  - 개별 운영 혹은 집단 운영하는 네트워크가 존재하는가?
  - 누가 도움을 주는가?
  - 누가 집단을 운영하는가?
  - 그들 네트워크는 어떤 지역주민집단을 돕는가?
  - 원조자와 원조를 받는 사람들은 어디에서 살고 있는가?
  - 그들 원조자들은 어떤 직종에 종사하는가?
  - 나이, 성별, 민족성과 같은 인구 통계의 특성은 어떤가?

• 그 같은 네트워크에는 어떤 공식적 구조와 보살핌 서비스의 형태가 있는가?

■ 지역사회 시설 또는 집단의 설립과 조직 및 운영

지역사회 프로필에서 자료 수집은 실천가들로 하여금 지역사회에서 다양한 활동가와 친숙한 관계를 맺고 다양한 활동가들을 파악할 수 있게 하는 활동이다. 자료 수집활동은 공동 행동계획을 수립하거나, 지역주민들이 원하는 시설 그리고/혹은 집단을 설립하는데 필요한 지식과 정보를 구축하는 활동이기도 하다. 주요한 질문사항은 단체 혹은 시설을 설립할 것인지 말 것인지와 유사한 질문이다.

- 어떤 종류의 시설/집단이 필요한가?
- 시설/집단의 목적은 무엇인가?
  - 실천가들은 무엇을 얻기를 희망하는가?
  - 서비스 사용자는 무엇을 얻기를 원하는가?
    자신감과 자존감 개발
    여성포함 주변부 집단 내에서의 자기주장기술제고와 자신의 권리를 지킬 수 있는 역량 강화
    다양한 사람들의 집단적 요구 특히 여성, 소수 민족 여성, 노인 여성, 장애 여성, 정신질환 여성 등의 요구를 충족시키기 위한 서비스 개발
  - 시설을 운영하는 집단이 타인들과 상호작용하는 데서 성취하기를 희망하는 것은 무엇인가?

메시지를 전달하기 위해 어떤 방법을 사용할 수 있는가? 원조 활동가 혹은 원조 수용자로서의 여성을 포함한 주변부 집단을 향한 태도와 행동에 변화를 가져오도록 의식강화, 정치 교육과 동영상 기술을 사용할 수 있는가? 그래서 그들의 존엄성과 가치를 지켜줄 수 있는가?

- 집단이나 시설은 어떤 방법으로 운영될 것인가? 집단 내에서의 역할들은 어떤 방식으로 주어질 것이며 언제 바뀔 것인가? 예컨대, 회장을 교대해 봄으로써 모든 회원들이 집단이나 시설을 운영하는 기술을 배울 수 있는가?
- 집단 또는 시설에서 누가 의사결정을 할 것이며, 어떤 방식으로 결정될 것인가?
  - 집단적, 개별적 의사결정 방법 간의 구분
  - 위계구조를 바꾸어 평등주의를 촉진하는 방법 개발
  - 민주적인 의사 결정과 합의 형성의 승인
  - 주변부 집단, 특히 여성, 예를 들면, 흑인 여성, 레즈비언 여성, 노인 여성, 장애 여성, 정신질환 여성 등을 차별하지 않는 정책 채택
- 시설의 활동, 자원, 기금, 지출 등의 기록을 보관하기
- 특별히 여성들을 겨냥한 시설들이 있는가? 이것은 다른 문화권 보다 일부 문화권과 일부 인구 집단 사이에서 다른 곳보다 더 중요할 수 있다.

- 이러한 시설은 어디에 위치할 것인가? 그 위치는 특히 여성과 아동에게 안전한가?
- 누가 시설을 사용할 것인가?
  - 서비스사용자, 활동가 그리고 가족, 친구 및 이웃을 포함하여 그들이 초대한 사람들의 접근성을 고려
  - 서비스 사용자와 활동가의 안전과 보호를 보장하기(시설이 피난처라면 아주 중요하다). 여성 전용 피난처에서는 남성의 접근(또는 비접근)의 쟁점이 신중하게 고려되어야 한다.
  - 여성 피난처인 경우, 시설은 남성 방문자에게 어떤 태도와 정책을 채택할 것인가? 예컨대, 폭력적 파트너에게 피난처 출입을 거부하는 것은 앞으로의 폭력으로부터 여성을 보호하기 위해 필수적이다. 그러나 남성과 앞으로 관계를 발전시키고 자녀들도 그렇게 하기를 바라는 여성과는 갈등관계가 있을 수 있다.
  - 시설은 장애가 있는 여성들이 접근할 수 있어야 하며, 화재, 건축, 건강, 안전과 여타 시설의 규제에 충족하여야 한다.
  - 시설을 이용하는 사람들이, 역량이 강화되는 긍정적 방법으로 다른 서비스 이용자들과 관계를 맺는가 확인하기
- 시설 이용자는 누구인가?
  - 시설 이용자들은 어떻게 그 시설에 대해 알았는가?

– 타인에게 들었는가 아니면 자발적으로 왔는가?

– 이용자들은 어떻게 시설운용에 참여할 것인가?

- 시설은 이용자들에게 워크숍, 공식적 조언 서비스, 전문 서비스와 교육적 기능을 공유하는 어떠한 기술을 제공하는가?

  – 시설은 여성에게 어떤 지원서비스를 제공하는가?

  아동 관련 조항, 레크리에이션 서비스, 회의실과 시설 내의 개인정보보호 등을 고려

  – 재정 혹은 여타 물질적 자원이 없는 여성들이, 시설 외부에서 다른 사람들이 제공해 주어야만 할지도 모르는 어떠한 훈련 시설, 주택, 고용과 기타 서비스를 필요로 할 것인가?

  이러한 훈련시설에 필요한 자원은 무엇인가?

  누가 이러한 시설과 자원을 제공할 것인가?

  어떻게 그 시설에 접근할 수 있는가?

  누가 훈련과 서비스 사용자를 위해 등록하고 참석하는 비용을 지불하는가?

- 시설은 어떻게 자금을 지원받고, 보수되고, 유지되는가?

- 시설은 다른 기관들, 즉 자원봉사, 국가, 상업 분야의 기관들과 어떤 관계로 발전시킬 것인가?

- 집단은 공공으로부터 어떤 지원을 기대하는가?

  – 실천가 집단은 어떤 표적집단에게 다가가려고 하는가?

- 실천가의 동기에 우호적인 여성과 남성을 밝힐 수 있는가?
- **어떤 정치 조직과 정당이 실천가 집단 활동을 지원할 것인가?**

  여성분과, 여성집단, 페미니스트와 비페미니스트(non-feminist) 지역사회 집단, 노동 조직, 환경 집단을 포함하고 있는가를 확인하라. 여타 집단과 동맹단체들과 함께 시설을 설립하는 데 여성들은 집단의 경험을 공유할 수 있다.

- 지지자와의 관계가 평등적 집단과정과 시설에서의 역동성을 방해하지 않는다고 확신할 수 있는가? 시설의 목표를 파괴하는 데 관심을 가진 사람들의 행동을 통제하지 않으면 그런 위험을 초래할 수 있다.
- 공공에게 알리기 위해 어떤 방법을 사용하는가? 예를 들면 전단지, 상업용, 신문, 공청회, 비디오, 언론매체(TV, 라디오), 기사, 강의, 인터넷, 데모, 로비, 무단점유 등
- 집단 사기를 어떻게 유지할 것인가? 이것은 두 가지, 즉 단기(short term)와 중기(medium term)를 모두 고려해야 한다.

의사소통 자원:

전단지

지역사회 집단들 및 주민들과 소통하는 데 비싸지 않은 방법들이 있다.

의사소통의 지침은 다음과 같다:

- *유익한 정보를 제공하기.* 관심을 가져야 할 쟁점, 즉 집단이 말하고 싶어하는 쟁점은 무엇이고 그 쟁점을 누구에게 말해야 하는가를 결정하라. 전단지는 사람들에게 다음과 같은 정보를 제공해야 한다.
  - 어떤 일이 발생하는가?
  - 누가 그 일을 발생시켰는가?
  - 어디서 그것이 발생하고 있는가?
  - 왜 발생하였는가?

– 언제 발생하였는가?

- *올바른 '사실'을 포착하기.* 집단이 신뢰를 잃지 않으려면 발표된 정보의 정확성이 필수적이다.
- *전단지를 재미있게 만들기.* 전단지는 설명은 물론이고 특정 문제에 대해 말하는 방식으로 독자의 관심을 끌어들어야만 한다. 다양성을 제공하는 배치과정에 여러 가지 기술을 사용해야 한다. 집단이 무엇을 대표하는지 쉽게 알아볼 수 있어야 한다. 기억에 남을 수 있는 약어와 관심을 끌 수 있는 매력적인 상징으로 독자의 마음을 사로잡는 특이한 메시지를 각인시켜야 한다. 제목은 하나의 메시지 또는 활동과 다른 메시지들 사이에서의 핵심포인트 또는 기호전환을 전달할 수 있다. 만화(cartoon)와 그림은 집단의 메시지를 보다 실감나게 표현할 수 있다. 재난 상황에서 메세지는, 비록 사람들에게 행동을 촉구할 경우라도, 사람을 놀라게 해서는 안된다.
- *전단지 제작하기.* 전단지의 실물모형을 만든다. 이것은 집단에게 전단지가 어떻게 보이고 읽는지를 볼 기회를 제공한다. 또한 이것은 인쇄하기 전에 오류를 발견하는 데 도움이 될 수 있다. 상업용 인쇄는 비용이 많이 든다. 집단 예산에 적합한 수준에서 방법을 선택해야 한다. 오프셋 석판은 매우 전문적으로 보일 수 있지만, 집단이 제작비용을 감당할 수 있는가? 컴퓨터가 있어 사용할 수 있다면, 전단지를 컴퓨터로 출판할

수 있는가? 복사는 저렴하다. 그러나 좋은 인쇄를 위한 좋은 장비는 비용이 많이 들 수 있다. 특정한 방법을 결정하기 앞서 인쇄에 사용할 수 있는 다양한 옵션을 조사할 필요가 있다. 이것은 편집자의 출판과 컴퓨터 공학과 밀접하게 관련되어 있다. 출판 소프트웨어(CWIT, 2005)를 사용할 수 있는 컴퓨터 기술은 과거에는 복잡하고 비용이 비싸 소수집단만이 사용할 수 있었다.

- *전단지 배포하기.* 전단지를 배포하는 일은 자원봉사자가 도와주지 않는다면 비용이 많이 든다. 집단은 누가 그 전단지를 받을 것이며 그 전단지를 판매할지 여부를 결정할 필요가 있다. 재정적 자원이 제한적인 여성과 저소득층이라면 이 결정이 중요하다. 잠재적 독자층, 집단과의 관계 및 집단의 자원 등을 고려해서 결정해야 한다. 전단지를 배부하는 사람은 전단지 내용을 충분히 알고 있어야 하고, 그 내용을 질문하면 대답할 준비가 되어 있어야 한다.
- *연락 담당자 지정.* 전단지에는 집단에 관한 질문에 대답하고 현안문제에 관한 입장을 알려줄 사람의 이름, 주소, 전화번호가 있어야 한다. 예컨대 영국 등 일부 국가에서는 사람과 조직의 이름과 주소를 전단지에 기록하는 것은 법적 요구사항이다.
- *명예훼손과 저작권법에 관심두기.* 개인을 중상모략해서는 안

된다는 법률은 다른 소통 매체와 동일하게 적용된다. 이러한 법에 위배되지 않도록 유의해야 한다. 어떤 이슈라도 올바른 사실을 확보하는 것은 법을 준수하고 집단의 신뢰성을 유지하는 데 매우 중요하다. 필요한 경우 법적 조언을 구할 수 있도록 준비해 두어야 한다. 이것은 실천가들에게 법적 소송을 피하고 그 소송에서 보호를 받을 수 있게 한다.

지역사회 신문/ 회보

지역사회 신문은 신문을 읽을 수 있는 시간을 가진 사람과 읽을 수 있는 사람들에게 효과적인 의사소통 매체이다. 다른 언어와 시각적인 소통수단을 고려할 필요가 있고, 그럼으로써 실천가들은 모든 사람들의 요구에 만족을 주어야 한다. 고려해야 할 중요한 질문은 다음과 같다.

- 누가 지역사회 신문/회보를 읽을 것인가?
- 누가 신문을 제작할 것이며 신문 제작을 위한 각 참가자는 어떤 역할을 할 것인가?
- 신문은 어떤 방법으로 만들 것인가?
  - 집단적으로 운영할 것인가 아니면 편집자 밑의 위계적인 조직으로 운영할 것인가?
- 신문의 내용은 어떤 근거로 결정할 것인가?
- 신문은 얼마나 자주 발간할 것인가?

- 신문은 어떤 방식으로 재원을 확보할 것인가?
- 신문에 구독료를 부과할 것인가? 한다면 얼마만큼? (여성 및 저소득층에 구독료를 부과하는 것이 어떤 의미가 있는가를 생각하라)
- 신문은 어떤 방식으로 배포할 것인가? 누가 할 것인가(유급 또는 무급 실천가)?
- 신문을 만드는 과정에서 여성의 참여를 어떤 방식으로 독려하고 그 참여를 지속시킬 것인가?
- 기술적 결정사항
  - 어떤 형식으로 제작할 것인가?
  - 표제는 어떤 방식을 사용할 것인가?
  - 첫 페이지는 어떻게 배치할 것인가?
  - 어떤 레이아웃을 사용할 것인가?
  - 어떤 크기의 신문을 사용할 것인가?
  - 신문은 얼마나 많은 페이지로 편집할 것인가 ?
  - 신문에 사진을 포함시킬 것인가?
  - 신문에 만화를 활용할 것인가?
  - 신문은 어떤 방식으로 제작할 것인가(석판 인쇄, 복사, 컴퓨터 출판, 다른 대안들)?
- 신문 제작 과제는 어떤 방식으로 배정할 것인가?
- 신문을 제작하기 위해 어떤 전제를 요구할 것인가?

- 출판사와 인쇄소의 주소를 신문에 제공하라.
- 주의 사항
  - 명예를 훼손하는 진술
  - 부정확한 사실
  - 저작권 규정

미디어 처리

미디어와 상호작용하는 방법을 배우는 것은 중요한 의사소통의 기술이다. 미디어와 효과적으로 소통하는 데 훈련, 준비와 연습을 필요로 한다. 집단 내에서 역할수행 또는 가상버전의 미디어 분야/인터뷰를 통해서 연습할 수 있다. 고려해야 할 사항은 다음과 같다.

- '뉴스 가치'로 간주되는 것은 무엇인가?
  - 갈등
  - 지역사회의 어려움과 위험
  - 세상이 다 아는 추문들
  - 이례적 사건들(unusualness)
  - 개인주의

재난은 뉴스 가치가 있고, 재난은 생존자들에게 원치 않는 인터뷰를 하도록 언론매체를 참여시킬 수도 있다. 그래서 생존자들을 조용히 있게 해 달라는 이야기를 모아 언론매체에 전달하는 데 실천가의 도움이 필요할 수 있다.

- '뉴스 가치'는 실천가의 동기에 관한 언론의 반응에 어떤 영향을 미치는가?
  - 뉴스의 가치가 집단의 메시지를 전달하는 데 도움 또는 방해가 되는가?
- 홍보담당자에게 영향력 행사하기
  - 재난에 관련된 모든 사람들이 홍보기술을 획득하기 위해 역할을 바꾸기(rotate the role)
  - 언론 담당관에게 특별한 캠페인이나 행동에 관해 무슨 말을 할 것인지 명확한 지침을 주었는가?
  - 집단은 각 행사의 대변인들을 어떻게 결정하는가?
- 준비(인터뷰 / 라디오 또는 TV에 출연하기 전)
  - 필요한 모든 정보와 사용되었던 정보를 수집하고 확인하기
  - 집단 구성원들과 인터뷰 연습하기
  - 인터뷰 시기가 적당한가?
  - 인터뷰할 때, 집단 또는 대변인의 출현은 어떻게 처리할 것인가?
  - 집단이 토론하고자 하는 주요 요점을 기록하기
  - 기자 또는 면접자가 우호적인가 아닌가, 그리고 그들의 적대감을 어떻게 대처할 것인가 등을 사정하기
  - 기자의 적개심을 다루는 방법
    - · 인터뷰를 거부하기(집단은 사건을 발표할 기회를 상실

한다)

· 인터뷰 조건과 정보제공방법에 관한 조건 달기
(이것은 집단이 주도권을 유지하는 방법이다)

· 다른 정보 찾기(공감할 자원 찾기)

- 인터뷰하는 동안 다음 사항을 고려하기
  - 어떤 방식으로 인터뷰의 주도권을 잡거나 인터뷰의 방향을 통제할 것인가?
  - 사전에 대답할 준비가 되어 있지 않은 질문을 정하고 대답할 준비가 되어 있지 않은 이유를 설명하기. 예컨대, 취약한 사람의 신원을 보호하거나, 비밀(집단의 행동을 보호하는 것과 관련해서), 집단의 책임성(실천가의 견해와 행동), 나쁜 성향(무언가가 공격적이거나 굴욕적인) 등의 이유를 들 수 있다.
  - 당신이 제공할 수 있는 정보가 어떤 방식으로 사용될 것인가를 고려하기. 어떤 사안의 경우 의견을 제시하지 못하는 이유를 설명하라. 당신의 접근과 진술에 긍정적인 자세를 가져라. 의견을 제시하는 것을 거부할 때는 (어렵긴 하지만) 전문성을 가지고 우호적으로 거부하라.
  - 당신의 입장을 '요약하는' 그리고 오직 '예'와 '아니오' 한 가지만을 요구하는 긴 질문을 경계하라. 이러한 질문은 집단의 입장을 쉽게 왜곡할 수 있다.

- 즉석 질문에 대한 답변을 하는 상황에 내몰리지 말라. 특히 당신이 확실하게 대답할 수 없다면 전화로 대답하는 경우를 만들지 말라.
- 필요할 경우 나중에 다시 전화하겠다고 기자에게 요청하라. 그렇지 않으면 의도했던 것보다 더 많은 정보를 노출할 수 있다.

• "보도하지 않는다는 전제로(Off the Record)" 한 논평
  - 보도하지 않는다는 전제로 한 논평은 무엇인가 기자에게 숨기려는 것이 있거나 상황에서 벗어나려 하거나 잘못된 인용이라고 기자의 의심을 살 수 있으므로 그런 논평을 하지 마라.
• 인터뷰를 한 후, 당신이 하고 싶은 말이 기억난다면, 기자에게 다시 가서 그것에 대해 말하라.
• 나중에 기자와 대화를 나눈 주요 논점을 메모해 두어라. 기사화 하기 전에 기사를 확인할 필요가 있다. 인터뷰 기사 사본을 요청하거나 인터뷰 기사를 수정할 권리를 요구하라(당신에게 허용되지 않을 수 있다).
• 인터뷰 후 후속 조치
  - 기자가 당신의 경우에 대해 말한 것을 확인하라.
  - 당신의 경우가 잘못 기사화되었다고 생각되면, 기자에 답변할 권리를 요청하라(인터뷰하기 전에 동의해야 하는 사안).

- 가능하면 기사에 대한 독자/지지자의 반응을 확인하라.

- 오직 사안 자체를 위해서 홍보하지 마라. 사안을 왜곡하지 않으면서 문제를 개선하기 위해 홍보를 활용하라.
- 홍보하는 방법
  - 보도자료 제공하기
  - 편집장에게 편지쓰기
  - 특집 기사화
  - 행동하기

보도자료 제공

집단이 보도자료를 결정한다 – 넣어야 할 내용, 배포할 사람, 보도자료를 통해서 성취하고자 하는 것, 언제 배포할 것인지 등은 집단 통제하에 있다.

- *목적.* 보도자료의 목적은 무엇인가?
  - 배경 정보
  - 행사 공지
  - 회의/행사보고
  - 인터뷰를 위한 정보
  - 인터뷰의 근거
- *뉴스로서의 가치.* '뉴스로서의 가치가 있다고 말하는 것은 무엇인가?

- *스타일.* 당신의 스타일은 과업에 적합한가?
  - 짧고 간단한 문장을 사용하라.
  - 사실에 집중하라.
  - 캠페인이나 일에 관련된 사람들의 인용문을 사용하라.
- *필수 정보.* 정보는 다음 질문을 답할 수 있어야 한다.
  - 무슨 일이 발생했나?
  - 그 일은 누가 했는가?
  - 어디서 그런 일이 발생했는가?
  - 언제 그런 일이 발생했는가?
  - 왜 그런 일이 발생했는가?
- *길이.* 프레젠테이션과 영향은 보도자료 내용의 길이에 영향을 받는다.
  - 종이 한 장으로 제한하라.
  - 가능하면 공식용지를 사용하라. 조직 이름을 페이지 상단에 기록하라.
  - 전달하려고 하는 내용의 중요한 측면을 부각시켜라.
- *보도자료 제공.* 보도자료의 발표 날짜를 명확하게 알려라.
- *발표시간 제한.* 특정한 날과 시간까지 정보제공을 원치 않는다면 정보가 제공될 날짜를 주라.
  - 가능하다면 어디에서라도 발표시간 제한을 피하라. 대신 나중에 정보를 제공하는 편이 더 낫다.

- *헤드라인.* 정보를 제공할 때 헤드라인을 사용하라. 짧고 단순한 헤드라인을 고수하라.
- *첫 문단.* 보도자료의 첫 번째 문단이 중요하다. 다음과 같이 해야 한다.
  - **독자의 시선을 사로 잡아라.**
  - **독자의 관심을 유도하고 집단이 말하고 있는 것에 관심을 두라.**
  - 보도자료의 문장 강도를 선정하고 그 아래 보도자료의 문장과 구별하라.
- *활자화.* 어디에서라도 가능하면 언론 보도는 활자로 인쇄되어야 한다. 그래야 읽기가 쉽고 좀 더 많이 읽힐 수 있다.
- *보도자료 끝.* 보도자료의 끝 부분에 '끝'이라는 글을 명확하게 표시해야 한다,
- *담당자.* 담당자의 이름, 주소, 전화 번호, 팩스 번호 및 이메일 주소 등을 보도자료 끝 부분에 제공하여야 한다.
- *사진.* 언론에 제공할 수 있는 사진이든 아니든 신문에서 사용된다면 사진에 대한 설명을 상세하게 제공하라.

웹사이트

웹사이트는 의사소통에 유익한 매체이며 전 세계 수준에서 소통

이 가능하다. 높은 영향력을 발휘하기 위해서 웹사이트는 사람들이 관심을 가질 정도로 매력적이어야 하고 분명하고 쉽게 사용할 수 있어야 한다. 웹사이트는 계속 유지되고 정기적으로 업데이트되어야 하기에 비용이 많이 든다. 고려해야 할 사항들은 다음과 같다.

- 무엇을 전달하고 싶은가?
- 청중은 누구인가?
- 웹사이트에서 어떤 시설과 정보를 원하는가?
- 웹사이트는 사용자에게 어떤 방식으로 친숙하게 만들 수 있는가?
- 웹사이트는 어떤 방식으로 정기적으로 업데이트되고 유지 관리되는가? 누가 유지하고 업데이트 하는가? 비용은 얼마나 드는가? 유지하고 업데이트를 위해 필요한 자원을 어떻게 확보 할 것입니까?
- 사용자가 따라야 할 지침을 마련하고 있는가? 그 지침은 웹사이트에서 활동하는데 윤리적인가? 그들의 활동은 어떻게 모니터를 할 것이며 누가 모니터를 할 것인가?

이상의 내용의 출처는 다음의 책에서 인용했다.

출처: Dominelli, L. (2006). Women and Community Action. Bristol: Policy Press.

Second Edition; and ESRC funded Project, Internationalising Institutional and Professional Practices.

5. 연구조사자를 위한 안내

조사는 정책 수립의 과정과 실천의 중요한 부분이다. 그러나 조사는 외부와 단절된 상태의 '저 밖에서' 진행되지 않고, 사회 경제적, 정치 및 문화적 흐름 속에서 진행된다. 이러한 점들이 이해되어야 하고 조사진행의 함의도 신중하게 고려되어야 한다. 조사연구원의 가치관도 조사설계에서 중요하다. 조사설계는 조사의 수행 방향을 안내하고 지역주민, 정책결정자, 실천가들과의 관계를 규정하기 때문에 중요하다. 다음의 가치들은 역량있는 조사에서 중요하다.

- 인간의 존엄성
- 풀뿌리에서 의거 결정된 행동 계획
- 지역사회의 임파워먼트
- 사회 정의와 인권
- 지역주민과 그들의 자치권과 문화를 존중하기

- 자신의 가정에 대한 도전에 개방적이며 또한 다른 사람들이 말한 것과 행동한 것에 비판적으로 성찰하기
- 특히 주변화된 집단 중에서 강점을 인정하고 구축하기
- 공간 제공하기. 이는 지역주민들에게 슬픔과 상실에 대처할 수 있게 만들고 지역적 관례로 끌어 들이는 축제와 축하행사를 포함, 지역주민들에게 중요한 활동을 할 수 있게 만든다.

정책 및 실천은 지역주민들이 밝혔던 욕구에 더욱 깊이 관련되어 있다고 확신하는 연구결과를 이끌어 내야 한다. 가능한 최상의 자료를 수집하려면, 조사는 자료 수집, 분석과 수행된 행동과 결과의 보장을 평가하는 성찰의 연속적인 과정으로 이해하여야 한다. 이것은 성찰-행동-성찰 순환 과정에서 제안했던 것과 같다. 조사연구원은 가능하다면 어떤 곳에서도 정책 수립자, 실천가, 그리고 지역주민과 교류해야 하며, 조사문항을 구성하고, 조사를 설계하고, 자료를 수집하고 분석하며, 분석의 결과를 전파하는 데 주민을 참여시켜야 한다. 이처럼 다양한 사람들을 참여시키는 조사의 포괄성은 신뢰할 수 있는 자료를 확보할 수 있고, 지역주민 스스로가 정보를 수집하고, 지역주민이 원하는 행동을 그들이 아는 것과 연결시키고, 주민들이 영향을 주고 싶어하는 사람들과 연결시키는 활동을 통해서 지역주민들의 역량을 강화시킬 수 있다. 조사연구자들은 현장연구(action research) 같은 참여적 조사에 관여하기 위해 훈련이

필요하며, 조사자들은 그러한 훈련을 주민들에게 제공해야만 한다. 조사연구자들은 아래 사항을 확보하는 데 책임의식을 가져야 한다.

- 적합한 방법 선택(사용된 방법은 조사문항에 적합해야만 한다).
- 선택된 자료 수집방법의 강점과 단점을 분명히 하기
- 자료 수집을 체계적이고 철저하게 하기
- 자료를 기록, 수집, 축적, 저장, 검색하는 데 사용자 친화적인 시스템 사용하기
- 지역사회 흐름과 권력의 역동성을 이해하기
- 지역 공동체/서비스 사용자를 자료 수집에 참여케 하고, 지역주민의 삶에 대한 정책의 영향력을 평가하고, 그 정책들이 변화에 어떤 영향을 미치고 있는가에 관한 자료를 수집하고, 특히 지역사회를 개선하고 지역사회의 회복탄력성 제고에 관한 자료를 수집한다.
- 지역주민들을 정책 형성 포럼과 실천 사안에 관한 논의에 참여하게 하고, 조사결과와 지역주민들의 경험을 검증할 수 있는 증거에 기초하여 논의하도록 한다.

조사 주제는 조사연구자, 정책수립자, 실천가 또는 지역사회 주민이나 집단의 대표자들이 결정할 수 있다. 지역주민이 참여하는 조사는 그들의 지지를 훨씬 더 받기 쉽고, 서비스를 창출하는데 있어 보다 장기적으로 지속되는 결과를 얻게 하고, 지역주민들의 삶

의 질을 개선하게 만든다. 선택할 수 있는 조사 주제는 많이 있다. 특정 지역이나 그 지역에 거주하는 사람들과 문화의 연관성에 결부되어야 하며, 재난 발생 가능성이 높은 지역과 관련된 몇 가지 주제는 다음과 같다.

- ***회복탄력성.*** 지역사회 관계와 이를 둘러싼 역동성 속에서 활동하는 다양한 활동가들이 회복탄력성을 어떻게 정의하는가? 회복탄력성은 재난에 대응하고 지역주민의 삶의 질을 제고하는 변화에 대처하거나, 재난에 적응하는 역량 그 이상의 의미가 있는가? 재난 상황에서 사회복지사를 포함한 인도주의 지원 실천가들이 효과적으로 대응하기 위해서 회복탄력성의 향상을 얼마나 중요하게 여기는가? 어떤 조사방법이 이 같은 질문들에 가장 잘 대답할 수 있는가?
- ***사람들이 가진 강점과 함께 활동하기.*** 강점 기반 관점으로 일하는 것은 재난 발생 이후 즉각적으로 사람들의 대처 역량을 증진시키는가? 강점 기반 접근은 특히 장기적으로 일하기를 원하는 사람들에게 고용기회를 창출함으로써 역량을 강화시키는가? 또한 강점 기반 접근은 저소득 지역사회에서 기존의 인프라를 재구축함으로써 사람들의 역량을 증진시키는가? 이러한 질문에 대답하는 데 적합한 조사방법은 무엇인가? 이러한 질문을 효과적으로 대답하기 위해 자연과학자와 사회과학자 간에 어떤 관계를 수립할 필요가 있는가?

- ***역량 구축.*** 역량 구축은 지역사회가 가진 회복탄력성을 향상시키는가? 지역주민을 참여시키는 지역사회 기반 조사는 회복탄력성을 향상시키고 약점을 경감시키기 위해서 어떻게 지역사회의 강점을 밝혀낼 수 있는가? 조사가 공동으로 진행하기 위해서 어떤 장애요인들을 해결해야 하는가?

조사과정

임파워먼트 조사과정은 실제적으로 지역사회 성원을 참여시키는 중요한 방법이다. 이 같은 방법을 달성하려면 다음 사항들에 신중한 관심을 두어야 한다.

- 지역주민을 참여하도록 독려하는 조사방법 선택하기
- 조사 질문사항에서부터 시작하여 조사결과를 발표하기까지 가능하다면 조사 전체 과정에 지역주민을 참여시키기
- 질문하고 있는 조사 설문 항목에 적합한 참여조사 방법을 활용하기
- 현지 사람들과 접촉하고, '어떠한 해를 끼치지 않음'을 토대로 지역주민과 활동하고, 조사과정을 통해서 역량이 강화되도록 지역주민들을 돕고 지역주민의 삶을 스스로 통제할 수 있도록 조사결과를 주민들이 활용하도록 원조하기
- 문화적 적합성을 확보하고 언어 이슈에 대응하기
- 과학 지식을 일반시민들이 사용할 수 있는 지식으로 전환하기

- 지역지식을 개발하고, 지역주민들의 참여와 관심으로 물리과학 질문에 영향을 미치는 그들의 경험적 역사적인 지식 활용하기
- 지역조사단체들의 직원채용, 훈련, 지지, 관리, 감독하기
- 자원의 최적화된 사용 확보하기
- 모든 수준의 고위 공무원과 의사결정권자의 지원을 얻기. 이는 필요한 경우 조사하는 데 허가를 취득하고 조사를 촉진하기 위해서 그러하다.
- 사회복지사, 교사, 건강 전문가, 지역 정책결정자와 지역 학자 등을 포함하는 지역의 실천가들과 접촉하고 이들을 조사에 참여하도록 독려하기
- 지역과 지방 차원의 공무원, 지역 관련 집권당과 여타 정당의 지역선출직 대표자 등과 접촉하고 이들을 조사 참여자로 참여시킨다. 정책결정자와 실천가 그리고 지역주민들은 상이한 참여 전략을 가질 필요가 있다. 이들 집단의 이해관계는 항상 일치하지 않으며 일치한다고 가정해서는 안된다.
- 지역정책과 국가정책이 지역사회에 미치는 파급효과와 연결시키기. 특히 조사가 이 정책들의 결함을 보여준다면, 긴장의 근원이 될 수 있다.
- 역량증대와 증거기반 조사를 통해서 회복탄력성 향상을 촉진하기

6. 교육자와 훈련가를 위한 안내

인도주의적 지원활동가 훈련은 대부분 현장에서 유급직원이나 자원봉사자를 고용하는 자발적 기관에서 제공하는 사내교육을 통해서 이루어진다. 미국의 연방긴급관리기관(Federal Emergency Management Agency: FEMA)처럼 주(state)에서 자금을 종종 지원하는 특정 기관을 통해 상당히 긴 시간의 교육을 진행하는 국가가 있다. 또한 대학들이 인도주의적 지원활동 분야와 관련된 재난관리 교육을 실시하는 국가도 있다. 그러나 이러한 교육은, 재난 발생으로 취약하게 된 사람들의 이익을 보호하기 위해 설립된 법적 체제에 근거한 전문 자격증 관련 교육이라고 볼 수는 없다. 따라서 인도주의적 지원 혹은 구호 활동가를 훈련시키는 법적인 장치가 마련되어야 하며, 재난에서 생존한 사람에게 개입하는 활동가들은 적절한 자격과 그들의 활동에 대한 규제조항이 필요하다.

재난 상황에서 인도주의적 지원활동가들은 여러 가지 역할을 수행한다. 2004년 쓰나미와 관련 개입을 위한 전문적인 실천 모델(Professional Practice Model: PPM)에서 활동하였던 사람들을 포함하여, 사회복지사들이 사용해 왔던 인도주의적 지원활동가들은 다음과 같은 역할들을 포함하였다.

- 촉진자
- 조정자
- 지역사회 동원자 (사람과 시스템)
- 자원 동원자
- 지역사회와 정부의 상이한 수준 간의 협상가 또는 중개인
- 젠더관계(gender relation)에 기반한 사람들을 포함하여, 갈등적 이해관계와 집단들 간의 중재자
- 정부와 기타 기관들의 자문가
- 사람들의 권리와 자격 부여를 위한 옹호자

- 어떻게 구조지원에 접근하고, 어떻게 재난발생에 이어 발생하는 질병을 피하는가에 대한 정보를 제공하는 교육자
- 훈련가, 특히 재난이 닥칠 때 지역 자원 동원에 효과적으로 대응하는 방법을 가르치는 훈련가
- 문화 해설사
- 다학제적 통역사, 특히 자연과학과 사회과학 그리고 사회적 혹은 원조 전문성 간의 통역사
- 재난의 감정적인 결과를 다룸으로써 사람들을 돕는 치료사 (Dominelli, 2009, 2012)

훈련은 역시 재난개입의 재구성 단계에서 결정적인 역량 구축요인을 포함할 수 있다. 이는 전문가가 부족한 지역에서 특별히 중요할 수 있고, 지역대학에서 긴급재난 시 인도주의적 원조를 제공하는 전문가양성에 필요한 훈련을 제공할 역량이 없는 지역이라면 더 그러하다.

예컨대 스리랑카는 사회복지사와 지역사회 개발활동가가 부족하고 이들을 훈련시킬 국가의 역량이 충분하지 못하다. 이런 특별한 격차를 해소하는 방안은 지속적 펀드 모금 능력과 외부 자원을 확보하려는 여타의 운동이다. 이러한 운동은 스리랑카에서 일어났는데, 예를 들면 1950년대 이래 사회복지부의 후원으로 사회복지훈련

을 제공하는 데 책임을 맡은 기관인 국가 사회개발 연구소(National Institute for Social Development: NISD)가 그것이다. 쓰나미는 대학원 과정과 석사 과정을 개발할 수 있는 외부 자원을 확보하게 해주었다. 오늘날에는 대학영역에서 사회복지교육과 훈련개발을 목표로 추가적인 움직임이 있고, 이러한 움직임은 스리랑카가 국가 비상사태와 일상적인 욕구를 처리하기 위해 수천 명의 숙련된 자격을 가진 사회복지사와 지역사회 개발 활동가를 필요로 한다는 사실을 공유하면서 시작되었다. 일부 비상사태는 몬순 계절의 홍수와 특정 지역의 가뭄 빈도가 증가하는 극한 기후 현상과 관련되어 있다. 2004년 쓰나미 같은 긴급한 상황뿐만 아니라 그 외 국가적 비상사태에 대처하기 위해서 사회 및 지역사회 개발 실천가를 포함한 인도주의적 지원 실천가들이 참여하지 않을 수 없었다. 특별한 재난으로 인해 형성되는 파트너십의 임파워링은 역량을 증대하고 개발하는 데 지원하는 활동이 되었고, IIPP 조사연구에서도 파트너십의 임파워링을 폭 넓게 탐구하였다. 특히 선도적인 역할을 하는 데 참여하였던 많은 스리랑카 국민들에게는 자연재해 혹은 인간이 만든 재난이 가져올 미래의 위기에서도 그들의 지역문화와 전통을 지속하기가 쉬울 것이다.

사회복지사는 능동적 활동가이지만 구조활동에서는 보이지 않는 활동가들(players)이기도 하다. 이들은 어려운 상황에서 전반적 훈련으로 준비된 다양한 역할을 수행함으로써 개인과 지역사회가 지원하는 현장위에 있다. 기존 기술에도 불구하고, 사회복지사들이 인도주의 지원 지역에서 추가적인 전문 교육을 받아야 한다. 왜냐하면 그들의 훈련이 물리학, 예술과 인문학에서 제공되는 것을 포함하여 재난 상황에 개입하기 위해 필요한 지식은 다학제적인 성격이 반영되어야 하기 때문이다. 또한 외부적인 도움과 지원을 요구하고 전 세계에서 상당한 사람을 고용하는 인도주의적 지원산업의 복합적 특성을 이해해야 한다. 비록 상당히 많은 사람들이 특정한 상황과 대재앙에서 지역적으로 행동하고 그들의 행동이 지역에 영향을 미칠지라도 그렇다. 사회복지사는 전문직으로서 세계무대에서 활동하며, 취약한 상황에 있는 사람들과 함께 일하는 개인을 훈련, 평가, 규제, 등록과 제재하는 인프라를 갖추고 있기 때문에 그들은 적합한 자격을 가지고 있고 인도주의적 지원활동가를 위해 전반적으로 활용되어질 수 있다.

■ 참고문헌

Banks, S. and Nohr, K. (2003). *Teaching Practical Ethics for the Social Professions*. FESET.

Blaikie, P., Cannon, T., Davis, I. and Wisner, B. (1994). *At Risk: Natural Hazards, People's Vulnerability, and Disasters*. London: Routledge.

Butcher, H., Banks, S., Henderson, P. and Robertson, J. (2007). *Critical Community Practice*. Policy Press.

Craig, G. and Mayo, M. (1995). *Community Empowerment: A Reader in Participation and Development*. Zed Books.

Callan, H. (1998). 'Internationalisation in Europe' in Scott, P. (Ed.), *The Globalisation of Higher Education*. Buckingham: OUP.

Dominelli, L. (2006). *Women and Community Action*. Policy Press.

Dominelli, L. (2009). *Introducing Social Work*. Polity Press.

Dominelli, L. (2012a). *Green Social Work*. Polity Press.

Dominelli, L. (2012b). 'Globalisation and Indigenisation: Reconciling the Irreconcilable in Social Work' in Lyons, K., Hokenstad, T., Pawar, M., Huegler, and Hall, N. (Eds.). *Sage Handbook of International Social Work*. London: Sage, pp. 39–55.

Dominelli, L. (2012c). 'Gendering Climate Change: Implications for Policy and Practice' Alston, M and Whittenbury, K. (Eds.), *Gender *and Climate Change*. Sydney: Springer.

Dominelli, L. (2012d). 'Empowerment: Help or Hindrance in Professional Relationships?' in Ford, D and Stepney, P. (Eds.), *Social Work Models, Theories and Methods: A Framework for Practice*. Lyme Regis: Russell House Publishing Ltd, Chapter 3.

Dominelli, L. (2012e). Mind the Gap: Built Infrastructures, Sustainable Caring Relations and Resilient Communities in Extreme Weather Events in *Australian Social Work*, Accepted for publication and available on DOI:

http://dx.doil.org/10.1080/0312407X.2012.708764

Dominelli, L. (2012f). 'Social Work in Times of Disasters: Practising Across Borders', in M. Kearnes, F. Klauser, and S. Lane (Eds.), *Critical Risk Research: Practices, Politics and Ethics*. Wiley-Blackwell, 2012, pp. 197-218.

Dominelli, L. (2013). 'Empowering Disaster-Affected Communities for Long-term Reconstruction: Intervening in Sri Lanka After the Tsunami' *Journal of Social Work in Disability and Rehabilitation*, Special Issue on Disaster Management, 12(1-2), pp. 60-85.

Enarson, E and Morrow, B. (1998). *The Gendered Terrain of Disaster: Through Women's Eyes*. Miami: Florida International University.

Freire, P. (1972). *Pedagogy of the Oppressed*. London: Penguin.

Gilchrist, R. and Jeffs, T. (2001). *Settlements, Social Change and Community Action*. Jessica Kingsley.

Hancock, G. (1991). *Lords of Poverty: The Power, Prestige, and Corruption of the International Aid Business*. New York: Atlantic Monthly Press.

Henderson, P. and Thomas, D. N. (2001). *Skills in Neighbourhood Work*. Routledge.

Hoogvelt, A. (2007). 'Globalisation and Imperialism: Wars and Humanitarian Intervention', in L. Dominelli (Ed.), *Revitalising Communities in a Globalising World*. Aldershot: Ashgate.

Hugo, S. (2000). 'Relief Agencies and Moral Standing in War: Principles of Humanity, Neutrality, Impartiality and Solidarity'. *Development in Practice*, 10 (3-4): 342-352.

IFRC (2009). *World Disasters Report*, 2009. Geneva: IFRC.

Klein, N. (2008). *The Shock Doctrine. The Rise of Disaster Capitalism*. London: Penguin.

Knight, J. (1997). 'Internationalisation of Higher Education: A Conceptual Framework' in

Knight, J. and De Wit, H. (Eds.) *Internationalisation of Higher Education in Asia Pacific Countries*. Amsterdam: EAIE.

Klinenberg, E. (2002). *Heat Wave: A Social Autopsy of Disaster in Chicago*. Chicago: University of Chicago Press.

Lukes, S. (2003). *Power: A Radical View*. Palgrave.

Lyons, K., Manion, K., and Carlsen, M. (2006). *International Perspectives on Social Work: Global Conditions and Local Practice*. Basingstoke: Palgrave Macmillan.

Mayo, M. (2005). *Global Citizens: Social Movements and the Challenge of Globalisation*. Zed Press.

Oven, K., Curtis, S. Reaney, M. Riva, R. Ohlemüller, C. E. Dunn, S. Nodwell, L. Dominelli and R. Holden (2011). 'Climate change and health and social care: Defining future hazard, vulnerability and risk for infrastructure systems supporting older people's health care in England', *Journal of Applied Geography*, doi:10.1016/j.apgeog.2011.05.012.

Perez, E. and Thompson, P. (1994). 'Natural Hazards: Causes and Effects' in *Pre-hospital Disaster Medicine*, 9(1), pp. 80 – 88.

Pittaway, E., Bartolomei, L. and Rees, S. (2007). 'Gendered Dimensions of the 2004 Tsunami and a Potential Social Work Response in Post-Disaster Situations' in *International Social Work*, 50(3), pp. 295–306.

Pyles, L. (2007). 'Community Organising for Post-Disaster Development: Locating Social Work' in *International Social Work*, 50(3), pp. 321–333.

Riddell, R. (2007). *Does Aid Really Work?* Oxford: Oxford University Press.

Ruwanpura, R. K. (2008). 'Temporality of Disasters: The Politics of Women's Livelihoods 'After' the 2004 Tsunami in Sri Lanka' in *Singapore Journal of Tropical Geography*, 29(3), pp. 325–340.

Schmidtlein, M., Deutsch, R., Piegorsch, W., Cutter, S. (2008). 'A sensitivity analysis of the social vulnerability index', *Risk Analysis*, 28(4), pp. 1099–1114.

Shaw, R (ed) (2012). *Community-Based Risk Reduction . Community, Environment and Disaster Risk Management*, Volume 10. Bingley: Emerald Group Publishing Ltd.

Social Exclusion Unit (2001). *A New Commitment to Neighbourhood Renewal: National Strategy Action Plan*. Cabinet Office.

Walker, P. (2010). *Professionalising the Humanitarian Sector: A Scoping Study*. London: ELHRA and Feinstein International Center.

유용한 웹사이트:

www.fema.gov

www.un.org

www.undp.org

www.unhrc.org

www.unhcr.org

감사의 말씀

2·18안전문화재단 이사장 김태일

1

이 번역서의 출판은 2 · 18안전문화재단이 추진한 사업입니다. 저는 재단을 대표하여 이 책의 저자 레나 도미넬리 교수에게 감사의 말씀을 드립니다. 도미넬리 교수는 자신의 책을 번역하도록 흔쾌히 허락하였고, 한국어판 저자 서문까지 써 주었습니다. 그리고 재단을 격려하기 위하여 저작권료를 받지 않겠다는 배려도 하였습니다. 정말 고마운 일이었습니다. 우리 재단이 이 분야의 세계적 권위자와 좋은 인연을 맺게 된 것은 큰 행운입니다.

다음으로 번역을 맡은 김영화 교수, 장승옥 교수, 양만재 박사에게 감사의 인사를 드립니다. 세 분은 우리 재단의 자문위원으로서 평소 여러 가지 유익한 말씀을 주고 있는데, 이번에는 이렇게 좋은 책을 번역, 소개해 주었습니다. 우리 재단으로서는 고맙기 그지없습니다. 영국 더럼대학에서 사회복지학을 전공하고 돌아온 양박사가 자기 지도교수의 저서를 소개했고, 장교수가 그것을 번역하자고 제안을 했고, 김교수가 이런 의견을 모두 모아 일을 조직했습니다.

2

2 · 18안전문화재단은 2003년 2월18일 대구지하철중앙로역화재참사의 희생을 헛되게 하지 말자는 희생자유가족, 지역사회, 국민들의 뜻을 모아 만들었습니다.

저희 재단이 하는 일은 첫째, '기억'입니다. 고통스러운 화재참사의 기억을 되새기고 그것을 재구성하는 것입니다. 둘째, '치유'입니다. 화재참사로 인해 생긴 피해당사자와 지역공동체의 마음의 상처를 아물게 하는 것입니다. 셋째, '성장'입니다. 화재참사를 사회구조적 문제로 인식하는, 생각의 크기를 확장하는 것입니다. 넷째는 '참여'입니다. 안전과 생명이라는 가치를 실현하기 위해서 주체적으로 나서는 것입니다. 이 네 가지 영역에서 우리 재단은 추모 사업, 트라우마 치유 사업, 안전교육과 안전문화운동, 그리고 포럼 사업 등을 추진하고 있습니다.

이 재단이 출범하기까지는 우여곡절이 많았습니다. 재단 설립은 참사 이후 십 수 년이 지나도록 모습을 드러내지 못했습니다. 그러던 중, 권영진 대구광역시장이 일을 시작하면서 재단 설립은 속도를 내어 오늘에 이르렀습니다. 아직도 해결해야 할 과제들이 남아있으나 여기까지 온 것은 참 다행스러운 일입니다.

2 · 18안전문화재단을 세워서 자신들의 아픔을 안전과 생명이라는 보편적 가치로 승화시키려고 한 희생자 유가족들의 고결한 뜻과, 때늦었지만 자신들의 책임에 대해 시민들 앞에 고개를 숙이며 대구를 안전과 생명의 도시로 만들겠다고 한 대구시의 의지를 높이 평가합니다.

3

이 책의 번역자들이 제안하는 바와 같이 우리 재단은 앞으로 다양한 분야의 '재난 지원 매뉴얼'을 시리즈로 내놓을 계획입니다. 마지막으로, 이 책의 번역과 출판에 행, 재정적 후원을 아끼지 않은 대구광역시 재난안전실에 감사의 말씀을 드립니다. 우리 재단은 '안전한 세상을 우리 손으로'라는 미션을 실현하기 위하여 '안전과 관련한 여러 힘들을 모으고 연결하는 플랫폼'의 역할을 열심히 하겠습니다.

2 · 18안전문화재단 www.218safety.co.kr
053-745-0218

옮긴이 소개

■ 양만재

1976년에 경북대학교 사회학과에 입학하여 1995년 경북대학교 사회학 박사학위를 취득하고, 영국으로 가서 2011년 영국 더럼(Durham)대학에서 다시 사회복지학 박사 학위를 받았다. 경북대학교 외 여러 대학에서 강의하고 있으며, 포항에서 사회복지연구소를 설립하여 지역관련 연구와 실천활동도 하고 있다. 주요논문은 2016년 "반억압실천론(Anti-oppressive practice)의 도입과 활용의 필요성에 관한 시론적 연구: 한국사회복지실천 중심으로"와 2017년 "재난대응 사회복지실천의 모색: 0416 세월호 참사 중심으로" 등이 있다. 주요관심분야는 지역사회복지실천론, 반억압실천론, 담론분석방법론 연구이다.

E-mail: manjae.yang@gmail.com

■ 장승옥

1978년에 연세대학교 사회학과에 입학하여 1982년 학사, 1984년 석사학위를 받았다. 그후 1986년 미국 버클리대학(U.C. Berkerley) 사회복지학과에서 석사학위(MSW), 1995년 박사학위를 취득하였다. 1995년 이후 계명대학교 사회복지학과 교수로 재직하고 있으며, 한국도박문제관리센터대구센터 운영위원장, 대구 마약퇴치운동본부 이사 등의 역할을 수행하고 있다. 역서『물질남용의 예방과 치료 : 사회복지사, 상담가, 치료자, 상담교사를 위한 지식』등과 "인터넷 중독 청소년을 위한 자기통제력 증진 프로그램 효과에 관한 메타분석"(2016) 등이 있다. 사회복지실천 전공으로 특히 청소년복지, 학교사회복지, 중독분야에 관심이 있다.

E-mail: jseung@kmu.ac.kr

■ 김영화

1973년에 이화여자대학교 사회학과에 입학하여 1977년 학사, 1979년 석사학위를 받았다. 1986년 독일 보훔대학(Ruhr-Uni.-Bochum)에서 사회정책전공, 교육학, 사회학 부전공으로 사회과학박사(Dr.rer.Soc)학위를 받았다. 1987년 이후 경북대학교 사회복지학과에 재직 중이며, 대구여성가족정책연구센터소장, 대구시 시민복지기준선 설정위원회 위원장 등을 지냈고, 현재 2·18 안전문화재단 자문위원장을 맡고 있다. 역서에는『세계화와 인간복지』등이 있고, 최근논문으로는 "청년복지학 연구서설"(2016)이 있다. 사회복지정책, 사회문제론, 여성복지론, 청소년복지론 등을 주로 강의하고 있다. 최근에는 지역학 연구에도 관심을 가지고 있다.

E-mail: yhwkim@knu.ac.kr

2·18안전문화재단 연구총서 (1)

재난 개입과 인도주의적 지원 지침서

1판 1쇄 인쇄 — 2017년 6월 20일
1판 1쇄 발행 — 2017년 6월 25일

저　　자 - 레나 도미넬리
옮 긴 이 - 양만재 · 장승옥 · 김영화
발 행 인 - 강 철 원
발 행 처 - 양 성 원
주　　소 - 경기도 파주시 검산로 173번길 29-20
전　　화 - 031-946-3861(代)
팩　　스 - 031-946-3864
이 메 일 - tnwpub@naver.com
홈페이지 - tnwpub.co.kr
출판등록 - 2015년 8월 31일 제 2015-000211호

ISBN 979-11-6126-045-7

정가 12,000원